Laurent LADAME

L'amour est un plat qui se mange froid

(Roman)

EAN ; 9782363311320
ISBN : 978-2-36331-132-0

Dépôt légal : Août 2014

« A Estelle, grâce à qui ce livre a grandi. »

I

Le Commissaire Andreï Von Hartmann était arrivé tôt à la brigade ce jour-là. Un homme l'attendait. Un journaliste : François Verlier, du quotidien national d'information, *La gazette du Globe.*

Le Commissaire avait accordé une interview exclusive au journal.

La présence du journaliste fut annoncée au Commissaire, lequel s'avança vers lui avec entrain.

François Verlier se leva promptement et intimidé, se présenta.

— Suivez-moi ! lui intima le Commissaire, sans autres formalités.

Il expédia au passage quelques instructions péremptoires aux policiers en uniforme qui se trouvaient là, puis s'engagea dans les couloirs austères du *36 Quai des orfèvres*.

La démarche altière du Commissaire, ainsi que son humeur inhabituellement légère, lui donnaient l'impression de flotter dans les couloirs sombres qui menaient à son bureau. Le journaliste le suivait avec empressement. Un silence les accompagnait, que seuls les claquements de leurs semelles sur le sol rompaient d'un écho timoré venant s'échouer sur les murs aux peintures fatiguées.

Le Commissaire s'arrêta devant une porte située à l'extrémité d'un large couloir. Une signalétique règlementaire faite de lettres noires sur fond blanc portait les inscriptions : « Andreï VON HARTMANN – Commissaire Divisionnaire ».

Il retira de la poche droite de son pantalon à pinces un trousseau comportant plusieurs clés et sélectionna celle qui se distinguait par la complexité de sa constitution, ce qui révélait le niveau sécuritaire de l'accès. Il l'introduisit dans la serrure carénée. La porte résista un instant, puis s'ouvrit dans un grincement. Le Commissaire entra, déposa négligemment sa serviette de cuir souple sur le sol recouvert d'une moquette bleu cobalt, puis s'installa avec une solennité appuyée dans son large fauteuil.

Il autorisa le journaliste à entrer, puis lui demanda de fermer la porte derrière lui, ce à quoi l'intéressé s'affaira sans sourciller. Enfin, il l'invita à s'asseoir.

Tout cela s'accomplit sans que les deux hommes n'échangent un seul propos consistant.

Le journaliste, la trentaine bien engagée, joliment costumé et cravaté pour l'occasion, la chevelure soignée, le teint frais et légèrement hâlé, l'œil dégourdi et assuré, se prépara à l'entretien non sans une certaine appréhension, qu'il ne parvenait pas à dissimuler. Une fois qu'il fut parfaitement installé, il se racla la gorge nerveusement puis se lança :

— Tout d'abord, Monsieur le Commissaire, je tenais à vous remercier, au nom du journal, d'avoir bien voulu accepter cette interview.

— Vous n'avez pas à me remercier. C'est moi qui l'ai demandée à votre journal. Oublions les politesses et procédons, je vous prie.

Le visage du journaliste se crispa légèrement, mais en bon professionnel, il se reprit aussitôt.

— Bien. Commençons donc par le début.

— Je n'avais pas envisagé que vous débutiez par la fin, jeune homme. Voulez-vous bien vous contenter de poser vos questions et de m'épargner vos extravagances…

— Bien, obtempéra François Verlier. Permettez-vous que j'utilise ceci ? demanda-t-il en sortant de sa poche un appareil enregistreur audio.

— Bien sûr que non, répliqua sèchement le Commissaire. Pour qui me prenez-vous ?

— Ah…? Mais… Ce serait plus commode et plus fidèle Monsieur le Commissaire, suggéra le journaliste.

— Je me moque de vos commodités. Vous n'êtes pas ici pour satisfaire vos aisances. Quant à la fidélité de mes propos, je me chargerai de les vérifier moi-même. Votre papier me sera soumis avant d'être diffusé. C'est entendu avec vos supérieurs, ajouta-t-il avec hauteur.

— Bien, Monsieur le Commissaire, s'inclina le journaliste en rengainant son appareil. Comme vous voudrez. Puis il sortit de son autre poche un petit calepin auquel était agrippé un modeste stylo à bille au corps métallisé.

— Quel tirage ? demanda alors le Commissaire.

— Je vous demande pardon Monsieur le Commissaire ?

— Le tirage… de votre journal, il est important ?

— Bien sûr, Monsieur le Commissaire, très important.

— Mais encore ?

— Plus de trois cent mille exemplaires diffusés chaque jour, annonça fièrement le journaliste.

— Et c'est important ?

— Le plus important de la presse d'information quotidienne, Monsieur le Commissaire.

Le Commissaire resta songeur un instant, s'imaginant peut-être les trois cent mille paires d'yeux rivés à l'article dont il serait la figure glorieuse.

— Mais j'aurais pensé que vous connaissiez déjà ces informations, risqua le journaliste.

— En effet, je ne les ignore pas.

— Alors pourquoi me poser la question ? s'étonna-t-il.

— Pour apprécier votre objectivité.

— Vous voilà donc rassuré.

— Non, je suis déçu.

— Déçu ? Je ne comprends pas.

— Il faut parfois savoir enrober, en rajouter un peu.

— Avec vous, cela me paraît difficile.

— Je vous l'accorde. Toutefois, il est toujours utile de s'exercer à la perfectibilité… Et puis, c'est bien votre métier, non ?

— Que voulez-vous dire ?

— Mettre de la couleur quand le sujet est trop terne, bourrer d'un peu de gras quand l'histoire est trop maigre, apporter un peu de chaleur quand l'atmosphère est trop froide, ajouter du piment quand l'évènement est trop fade, bref, donner de l'intérêt là où il en manque, c'est bien là l'essence même de votre profession n'est-ce pas ?

— Avec tout le respect que je vous dois, je trouve cette vision fort réductrice et très caricaturée, Monsieur le Commissaire.

— Ne soyez pas si vertueux avec moi, Monsieur Verlier. C'est bien de cela dont il s'agit, en réalité. Il faut bien appâter le lecteur, lui présenter de la dorure, lui offrir de la substance, il faut bien le régaler, cet amateur de l'ébouriffant, ce goulu du spectaculaire, ce glouton du sensationnel...! C'est normal. Il ne faut pas vous en offusquer.

— C'est une manière de voir les choses, consentit bien malgré lui le journaliste, soucieux de ne pas contrarier le Commissaire.

— Eh bien, réjouissez-vous, jeune reporter, avec moi, vous êtes bien tombé ! Du sensationnel, vous allez en avoir, et de premier choix, c'est moi qui vous le dis...! Allez ! Poursuivez, je vous prie.

Le journaliste laissa passer un instant, le temps que l'euphorie envahissante du Commissaire s'estompe un peu. Puis il poursuivit calmement son interview :

— Pourquoi avoir consenti... Le journaliste se reprit aussitôt. ...avoir *demandé* cette interview, alors que vous en accordez tellement peu ?

— Vous n'êtes pas très perspicace, pour un journaliste.

— Votre Légion d'Honneur, je présume, se reprit immédiatement le journaliste, légèrement offensé.

— Vous présumez tardivement.

— Je ne voulais pas paraître indélicat, Monsieur le Commissaire.

— Vous auriez dû. Je préfère l'indélicatesse à la mièvrerie.

Le journaliste contint tant bien que mal son irritation, puis poursuivit avec une amabilité forcée :

— Vous souhaitiez donc qu'un hommage vous soit rendu à cette occasion…

— Je n'ai nul besoin qu'il me soit fait hommage. Les honneurs et autres témoignages d'admiration que je subis au quotidien sont déjà bien assez pesants. Néanmoins, c'est un peu l'idée : je voulais qu'à cette *grande* occasion, le public puisse savoir un peu mieux qui je suis.

A l'apogée d'une carrière engagée depuis plus de trente ans, le Commissaire Andreï Von Hartmann était devenu le policier le plus sensationnel que la discipline ait connu.

Homme de tous les succès, symbole d'une police inspirée et moderne dont il redora le blason, hyperactif aux actions d'éclat, artisan emblématique du recul de la criminalité, personnage charismatique engagé, Von Hartmann était un véritable héros de la nation.

Cependant, et bien qu'il fut devenu au fil des années ce personnage haut en couleur incontesté, il n'était pas apprécié pour autant.

Son épouvantable caractère contrastait furieusement avec l'exemplarité de sa réussite : sa personnalité était tout bonnement détestable.

Fier et dédaigneux, il était condescendant envers qui s'adressait à lui, suffisant à l'égard de qui ne l'osait pas et méprisant à l'adresse de qui feignait de l'ignorer. En société, lorsqu'il consentait à se présenter à l'une des innombrables manifestations auxquelles il était régulièrement invité, il inondait son auditoire d'une fatuité assumée. Les femmes voyaient en lui un misogyne du dernier degré, les hommes, un épouvantable misandre.

Il proclamait sans détour que seul son avis méritait considération. Aux rares contradicteurs qui se risquaient à le braver, il ripostait avec une arrogance assassine et une morgue des plus prononcées.

Il était donc craint autant que respecté, dans le sens le moins noble de la formule.

Avec le personnel de la brigade, il poussait l'art du dédain jusqu'à son raffinement : dénigreur et ricaneur, il raillait la lenteur d'esprit des meilleurs et vomissait la médiocrité des autres.

Sa hiérarchie n'était pas épargnée, envers laquelle il se livrait aux formes les plus pittoresques d'impertinence. Evidemment, il ne se trouvait jamais un supérieur assez insensé pour s'opposer à son génie.

Son entourage proche disait de lui qu'il était mollement antipathique dans ses bons jours et atrocement caustique le reste du temps.

En fait, son attitude se révélait constamment mauvaise et désagréable.

Pour qui connaissait mal le Commissaire Von Hartmann, cela pouvait passer pour un odieux mépris. Mais c'eut été se méprendre dangereusement sur ses intentions.

Cette attitude relevait au contraire d'une stratégie parfaitement calculée, par laquelle il entendait s'imposer en toutes circonstances.

En méprisant ouvertement son interlocuteur, il visait à le déstabiliser.

C'était sa manière de prendre position. Comme un général, qui, arrivé le premier sur un champ de bataille, aurait alors l'avantage de se placer sur la partie la plus escarpée. Celle qui permet de mieux voir son adversaire s'approcher, et d'engager les hostilités au moment idéalement propice, lorsque son adversaire s'y attend le moins et sur son flanc le plus exposé.

Cette facette de sa personnalité témoignait d'un sens aigu de l'anticipation, carte majeure de son caractère dominant. Car, pour le Commissaire Von Hartmann, toute relation avec ses semblables s'envisageait comme une confrontation dans laquelle il ne prenait jamais le risque de sortir perdant. Son état d'éveil - c'est-à-dire lorsqu'il ne dormait pas - était une stratégie pernicieuse constante, mue par une volonté maladive de supériorité.

Il se trouvait comme conséquences de tout cela que le Commissaire Von Hartmann était un homme adulé et détesté, dans tout ce que le paradoxe a de plus éloquent.

Son physique lui-même, par une sorte de charme acide, ajoutait à l'ambiguïté : c'était un homme séduisant au charisme corrodant.

La grâce ferme et parfaitement soignée de son visage dévoilait avec orgueil ses origines allemandes qui lui venaient de son père. Ses formes en étaient droites et sa chevelure rigoureusement peignée de côté, qu'un professionnel du ciseau aurait pu qualifier de coiffure *un tiers – deux tiers*, tant cette symétrie se retrouvait comme mesurée de chaque côté de sa raie impeccable, située invariablement du même côté - à sa gauche -, comme l'affirmation capillaire de l'intangibilité de ses positions. Ses cheveux, aériens, d'un châtain très clair, éclairaient son visage. Ils étaient parsemés de quelques nuances de gris, ce qui ajoutait une touche de maturité idéale à sa personnalité affirmée. Les pommettes fières, le menton carré et abrupt, les lèvres avantageuses en achevaient le caractère bien trempé. Un caractère russe, hérité de sa mère.

Un sourire discret l'animait habituellement, qui était l'expression ironique de sa supériorité.

On pourrait dire que son visage affichait une relative cordialité, qui dissimulait son caractère rigoureux. Toutefois, son regard, quant à lui, en trahissait sa personnalité mordante. Le bleu de ses yeux était une nuance océanique australe de la couleur. Mais agité, se situant quelque part entre les quarantièmes rugissants et les cinquantièmes hurlants, que l'on devinait battus par des vents violents. On ne pourrait mieux les qualifier car ses yeux naviguaient entre vents forts et tempêtes d'exception.

Affronter son regard, c'était comme défier le Cap Horn.

« Ainsi donc, vous allez être fait Chevalier de la Légion d'Honneur, poursuivit le journaliste.

— Ainsi donc. »

— On dit que la recommandation a été faite par le Ministre de l'intérieur, en personne.

— C'est exact.

— C'est plutôt rare.

— Certes...

— C'est également le Ministre qui se chargera de vous la remettre.

— En effet.

— C'est un insigne honneur.

— A l'évidence, souffla le Commissaire, avec distance.

— La cérémonie, qui sera très solennelle, est prévue cet après-midi à l'Hôtel de Beauvau, au siège du ministère. Cela aussi, c'est plutôt exceptionnel.

— Oui, à mon grand déplaisir.

— Pourquoi cela ?

— Je n'apprécie guère de me déplacer. J'aurais préféré que tout cela se passe au sein de la Brigade. Mais bon, je l'ai concédé…

— La cérémonie sera très médiatisée.

— Oui, cela se comprend.

— On dit de vous que vous êtes un homme d'honneur, et que pour cette raison, la Légion d'Honneur constitue pour vous la plus belle des reconnaissances.

— Je ne cache pas ma fierté, en effet. A propos, savez-vous jeune-homme, qui a institué la Légion d'Honneur ?

— Eh bien… non, je ne le sais pas, avoua le journaliste, gêné.

— Vous ne pouvez pas l'ignorer, enfin !

— J'ai bien peur que si Monsieur le Commissaire, confirma le journaliste, après un temps, encore plus gêné. J'en suis navré.

— Mais si, vous savez ! Insista le Commissaire. Allez, dites !

Le journaliste, comprenant qu'il était contraint de soumettre une proposition, hésita.

— François 1er ? hasarda-t-il, tout en se reprochant intérieurement de ne pas avoir pris la précaution de mieux se renseigner.

— Quelle sottise ! L'absence d'instruction est-elle donc un critère de sélection, dans votre journal ? Vous feriez mieux de vous taire, si c'est pour me livrer de telles âneries, tempêta le Commissaire. Il marqua un temps d'arrêt. Napoléon Bonaparte, voyons, annonça-t-il alors, impérieux. C'est en cela qu'il s'agit de la plus formidable des distinctions, de la plus honorifique des consécrations, poursuivit le Commissaire avec force.

— Evidemment. J'aurais dû le savoir, confessa le journaliste.

— Votre ignorance est insultante.

— Je vous prie de bien vouloir m'en excuser, Monsieur le Commissaire.

Le Commissaire se tut, le considéra un instant, puis pontifia :

— Et savez-vous quelle en est la devise ?

— De l'Empereur ?

— Mais, non ! De l'Ordre, sombre idiot.

— Euh… je regrette, Monsieur le Commissaire.

— *Honneur et Patrie,* annonça le Commissaire, ne relevant pas, cette fois, l'ignorance du journaliste.

— Ah… C'est très…

— C'est admirable, le coupa le Commissaire. Il ne pouvait y avoir de devise plus digne…

Patrie... *Honneur...* déclama-t-il à nouveau avec emphase. Etes-vous un homme d'honneur Monsieur Verlier ?

— Bien entendu, répondit le journaliste avec empressement, comprenant qu'il fallait sur le sujet être affirmatif et spontané.

— J'en doute.

— Je vous assure, Monsieur le Commissaire que...

— Ça n'a pas d'importance, le coupa le Commissaire.

— Pourtant... Je pense... Enfin, il me semble que...

— Ça n'a pas d'importance, vous dis-je. Vous êtes journaliste. Cela répond à ma question, en définitive.

— De quelle manière ? interrogea le journaliste avec suspicion, supputant la considération peu amène du Commissaire à l'encontre de sa profession, en général, et de lui-même, en particulier.

— Que vous importe ?

— Il m'importe, répondit-il avec audace, piqué au vif.

— Vous ne devriez pas. Les jugements que je porte sur les gens sont toujours de nature à décevoir ceux qui, par une curiosité bien mal inspirée, souhaitent les connaître.

— Eh bien qu'à cela ne tienne, je serai de ceux-là, osa le journaliste, orgueilleux.

— Bien, vous l'aurez voulu.

Le journaliste confirma sa résolution par un bref et ferme mouvement de tête.

— Je pense que l'*honneur* et le *journalisme* ne font pas bon ménage, annonça le Commissaire.

— Ah ? Et pourquoi cela, Monsieur le Commissaire ?

— L'un affecte forcément l'autre.

— De quelle façon ?

— Le second l'emporte sur le premier. Il s'en empare et le dévore, pour n'en laisser que peu de chose. Quelques miettes, tout au plus.

— Mais encore ? Que dois-je comprendre ?

— Vous comprenez très bien jeune homme. Ne vous faites donc pas plus sot que vous me semblez déjà l'être.

Cette nouvelle estocade acheva d'exaspérer le journaliste, dont l'irritation était alors devenue incontrôlable.

— Vous êtes… ! grogna le journaliste, indigné.

— Je suis ?

— Vous êtes… !

— Oui ? Mais que suis-je donc, Monsieur Verlier ? Je vous écoute. Parlez…

— Si j'osais…

— Si vous osiez…?

— Si j'osais, je vous dirais…

— Vous me diriez…? Mais osez donc…

25

Le journaliste, rougissant et fulminant, semblait contenir une colère d'une belle puissance, mais dont il savait qu'il devait maintenir et maîtriser les assauts, coûte que coûte. À la manière dont la chaudière d'une locomotive à vapeur qui, mise sous une pression trop forte, doit être contenue, sous peine de voir l'engin s'élancer avec une incontrôlable énergie. Il resta ainsi un instant, puis semblant avoir neutralisé son agressivité, lâcha dans un soupir :

— Je ne peux pas !

— Vous ne pouvez pas ? Tiens donc... Et pourquoi cela ? le provoqua le Commissaire avec cynisme.

— Je faillirais à mes devoirs.

— Vous failliriez à vos devoirs, répéta avec ironie le Commissaire. Allons bon. Cela ne manque pas de sel. Et puis-je savoir à quels devoirs vous faites allusion ?

Le journaliste inspira profondément, comme pour se donner de la contenance.

— De réserve, d'objectivité et de distance, déclina-t-il alors avec morgue.

— On aura tout entendu. Vos devoirs de réserve, d'objectivité, et de... comment dites-vous ?

— De distance, répéta le journaliste.

— Ah oui... de *distance*. Je ne m'attendais pas à cela. La réserve, l'objectivité, je connais, ce sont de grands classiques que vomissent régulièrement les journalistes. Mais la *distance*, ça, je dois dire que vos collègues ne me l'avaient encore jamais servie. Voilà le comble du divertissement. *De la distance*, répéta à nouveau le Commissaire avec amusement. C'est truculent.

— Je ne trouve pas que ce soit… truculent Monsieur le Commissaire. La distance qu'un journaliste se doit de conserver à l'égard du sujet qu'il investit me paraît essentielle à l'objectivité de la restitution qu'il en fera dans son article.

— Vous trouvez que j'ai l'air d'un sujet, peut-être ?

Le journaliste hésita, surpris par l'emportement étrange et soudain du Commissaire.

— Il faut entendre la notion de sujet comme l'objet sur lequel se porte l'attention du journaliste et de l'article qu'il écrira, se justifia aussitôt le journaliste, craignant de s'être montré trop impertinent.

— Un objet ! De mieux en mieux.

— Mais, Monsieur le Commissaire, cela n'a rien de péjoratif. C'est une question de langage…

— Épargnez-moi votre sémantique de boulevard, voulez-vous ! s'emporta le Commissaire. Je refuse d'être considéré comme un sujet, et encore moins comme un objet ! Je suis le Commissaire Andreï Von Hartmann. Et j'exige d'être considéré avec le rang qui m'est dû et le respect que je mérite.

— Je ne voulais pas vous offenser Monsieur le Commissaire.

— Pourtant, vous n'auriez pas pu mieux vous y prendre pour me fâcher.

— Je suis confus, Monsieur le Commissaire.

— Vous pouvez l'être... Si je m'écoutais, j'interromprais immédiatement cette interview.

— Vous ne feriez pas cela, Monsieur le Commissaire...

— Je suis tenté.

— Mon rédacteur en chef me réprimanderait sévèrement.

— Et vous le mériteriez.

— Il est même probable que le journal me congédierait.

— Vous ne l'auriez pas volé.

— Ce serait terrible...

— Cela pourrait être pire encore.

— Pire encore ?

— Oh oui. Si vous saviez ce qu'il est advenu de vos autres collègues qui ont osé me manquer de respect...

— Je vous assure que j'ai pour vous la plus grande considération, Monsieur le Commissaire.

— Je n'ai pas eu cette impression.

— Je vous supplie de me croire, Monsieur le Commissaire.

— Peut-on vraiment croire un journaliste...

— Ma sincérité se lit dans mon regard, si vous acceptiez de l'observer avec soin.

Le Commissaire le regarda dans les yeux avec dédain.

— Cela ne prouve rien.

— Mais je voulais réaliser cette interview, plaida le journaliste. Je l'ai demandée à mon rédacteur en chef avec la plus grande insistance.

— Comme tous les autres…

— Plus que tous les autres, Monsieur le Commissaire. Je me suis battu pour l'obtenir : j'ai dû louvoyer, me dévoyer, me battre avec ardeur, vanter à outrance toutes mes compétences.

— Ça ne me convainc pas. Tout cela est bien le minimum.

— Mais j'aurais été capable de tout pour pouvoir mener cette interview, Monsieur le Commissaire.

— De tout… Vous trouvez que c'est assez ?

— J'aurais fait l'impossible. J'aurais bravé toutes les convenances et enfreint toutes les règles. J'aurais défié la décence. Je me serais parjuré. J'aurais sacrifié bien des choses, y compris les plus importantes. Tenez : pour vous, j'aurais renoncé à tous mes principes.

— Ah. Et que valent-ils vos principes ?

— Plus que tout le reste, Monsieur le Commissaire.

— Que tout le reste ?

— Hormis ma carrière de journaliste et mes principes, il n'y a que deux choses qui comptent vraiment dans ma vie : une vieille Chevrolet, qui me vient de mon père et mon petit animal de compagnie.

— Vous avez un petit animal de compagnie ?

— Oui, un petit lapin blanc.

— Et vous l'auriez sacrifié pour obtenir cette interview ?

— Sans hésiter, Monsieur le Commissaire.

Le Commissaire le considéra avec moquerie et dérision.

— S'il vous plait, Monsieur le Commissaire, je vous en conjure, pardonnez cette incartade.

— J'hésite à me montrer si magnanime, vous pourriez me juger faible.

— Je vous promets que non.

Le Commissaire hésita.

— Bien, admettons. Vous me promettez de vous montrer plus raisonnable ?

— Je m'y engage.

— Plus d'impertinence ?

— Plus aucune.

— Plus d'insolence ?

— En aucune manière.

— Vous me témoignerez le plus grand respect ?

— Un respect absolu.

— Vous saurez dire à quel point je suis chevaleresque ?

— J'écrirai votre grande noblesse.

— Vous saurez valoriser mon éblouissante carrière ?

— De ma plus belle plume.

— Vous étendrez-vous longuement sur mes qualités ?

— Dans les grandes largeurs.

— Votre article sera-t-il suffisamment étoffé ?

— Un roman.

— Elogieux ?

— Un encensement.

— Ne sera-t-il pas noyé au milieu d'autres sans intérêt ?

— Une page entière vous sera consacrée.

— Une belle annonce en première page ?

— La Une, accompagnée de votre plus beau portrait.

— Votre Directeur de publication ne posera pas de difficultés ?

— Il sera ravi. C'était entendu ainsi, de toute façon.

— Monsieur Verlier, vos arguments font poids. Je vous pardonne.

— À la bonne heure ! s'enthousiasma le journaliste, infiniment soulagé.

Le Commissaire le toisa avec pitié :

— Alors, poursuivez donc jeune homme.

— Je vous propose d'évoquer votre filiation Monsieur le Commissaire, poursuivit le journaliste avec empressement, comme pour s'écarter au plus vite de l'incident.

— Vous vous égarez.

— Nullement, Monsieur le Commissaire. En connaissant mieux vos origines, le lecteur percevra mieux… la profondeur de votre personne.

— La flatterie ne vous mènera nulle-part avec moi, jeune homme, s'anima à nouveau le Commissaire. Surtout quand elle est menée avec autant de vulgarité. Si vous voulez me flatter, faites-le au moins avec panache !

— Je suis désolé, Monsieur le Commissaire. Je ne souhaitais pas vous offenser, s'excusa le journaliste. Il me semblait juste que cela servirait votre description. Le public vous connaît mal au fond. Je veux dire, se reprit-il aussitôt en percevant que le Commissaire se renfrognait, qu'il ne vous connaît pas véritablement. Il serait intéressant qu'il puisse mieux connaître…votre genèse.

Le Commissaire le considéra un instant.

— Bien. Admettons, consentit-il.

— Parfait. Je vous remercie, Monsieur le Commissaire.

— Cessez donc de me remercier à tout bout de champ. C'est insupportable. Quand je consens quelque chose, c'est parce que j'y trouve un intérêt, je vous l'ai dit. Je ne veux pas pour autant avoir à subir le mielleux indigeste de ces frasques de reconnaissance grotesque.

— Très bien, Monsieur le Commissaire. C'est noté. Je ne vous remercierais plus.

— A la bonne heure ! Nous allons gagner du temps. Poursuivez.

— Votre père était donc allemand et votre mère russe. C'est bien cela ?

— C'est exact.

— Et, pouvez-vous nous en dire un peu plus sur eux ?

— Mon père était massif, ténébreux et inflexible. Ma mère était géante, torrentielle et intraitable.

Le Commissaire se tut.

— Et, que pouvez-vous dire d'autre, Monsieur le Commissaire ? reprit le journaliste, quelque peu surpris par le lapidaire de la description.

— Que voulez-vous que je vous dise d'autre ? Il n'y a pas grand-chose à ajouter.

— D'après mes renseignements, tous deux étaient scientifiques. De brillants scientifiques, spécialistes reconnus de physique quantique.

— Oui. Vous voyez, vous connaissez l'essentiel.

— Il me semble que ce serait intéressant que nos lecteurs en sachent un peu plus sur leur singulière histoire. Vous pourriez nous parler un peu d'eux. De leur rencontre, par exemple. À quelle occasion se sont-ils rencontrés ?

— Ma mère a fui le régime communiste. Mes parents se sont rencontrés dans le cadre d'un programme de recherche, dont le siège avait été fixé en France

— Quel type de recherche ?

— De physique nucléaire.

— Et comment deux personnes aussi différentes ont-elles réussit à… s'aimer ?

— Que voulez-vous dire ? s'inquiéta le Commissaire en jetant à son interlocuteur un regard suspicieux.

— Je veux dire qu'eu égard à leurs personnalités si… particulières, cela n'a pas du être facile.

— Il a fallu du temps.

— Du temps ?

— Oui, beaucoup de temps. Et de l'ambition. Il est vrai qu'entre deux êtres aux propriétés aussi inassociables, il paraissait peu probable que la chimie de l'amour se précipite un jour. Autant marier de la bière et de la vodka, s'amusa le Commissaire.

— Pourtant, le mélange s'avère délicieux.

— Pardon ?

— Je veux dire, Monsieur le Commissaire, que certains cocktails marient avec réussite les deux boissons.

— Et alors ?

— Alors, rien, je veux juste faire remarquer que les mariages audacieux donnent parfois naissance à d'exquises et surprenantes saveurs... sans vouloir vous flatter, bien entendu.

Le Commissaire le considéra un instant, mais ne releva pas.

— Quoi qu'il en soit, la science triompha là où aucune farandole amoureuse n'aurait prospéré. Mon père, allemand et âpre, et ma mère, russe et impétueuse, réalisèrent la si peu plausible combinaison : ils s'éprirent l'un de l'autre. Ils convolèrent en justes noces, comme on dit, puis... enfantèrent. De fait, je suis né en France et j'y ai grandi.

— Votre nom, lui-même, est atypique. Votre père vous a transmit son nom, évidemment.

— Oui. Et ma mère m'offrit un prénom. C'était celui de son père. Mais le sujet fut délicat : la conjugaison patronymique des deux nationalités paraissait invraisemblable pour mon père, incontournable pour ma mère. De vives discussions ont animé la question. C'est en tout cas ce qu'ils m'ont rapporté.

Le journaliste nota scrupuleusement ces déclarations dans son carnet, puis après un instant, reprit :

— Venons en maintenant à vous-même, si vous le voulez bien.

— Il était temps.

— À quel moment avez-vous décidé de devenir commissaire de police ?

— Très jeune. Je n'étais alors qu'un enfant frêle et délicieusement innocent. Cela a bien changé depuis… Mais déjà, je voulais intégrer le *Quai des Orfèvres*.

— Comment avez-vous connu l'existence de cette brigade criminelle ?

— Par le cinéma. J'adorais regarder des films policiers. Je trouvais que les personnages mis en scène étaient éblouissants, bien que leurs exploits étaient alors diffusés en noir et blanc.

— Un joli rêve d'enfant…

— Ce n'était pas un rêve. C'était une ambition, ancrée avec la plus grande fermeté. Ma ténacité et mon talent firent le reste. Mon parcours fut lumineux : je brillai aux examens universitaires, je m'illustrai dans les concours, j'éblouis les examinateurs.

— Un itinéraire parfait, en quelque sorte.

— Plus que parfait : exceptionnel.

— Et votre ambition d'intégrer la brigade parisienne fut ensuite satisfaite.

— Oui.

— Quand l'avez-vous intégrée ?

— Quelques mois seulement après que je fus nommé inspecteur.

— Dans quelles circonstances ?

— Ma contribution à l'arrestation d'un criminel insaisissable fut déterminante.

— Pouvez-vous m'en dire un peu plus ?

— C'était un assassin dont les ignobles forfaits affolèrent les chroniques de l'époque. Dix-huit victimes. Tous négociants en spiritueux. C'est pour cette raison qu'il fut appelé *Le Distilleur de l'ombre*. Ses parents avaient succombé aux excès de l'alcool. Le psychopathe vengeait ses parents en éliminant ceux qui faisaient commerce du « poison ». Lourde tâche... Bref, les enquêteurs étaient totalement dépassés. Le dossier me fut confié. En un éclair, je confondis le vengeur. L'exploit fut remarqué, salué, puis justement récompensé par l'affectation glorieuse dont je rêvais depuis mon enfance.

— Comment avez-vous fait ?

— Je ne dévoile jamais les recettes de ma sauce !

— Pardon ?

— Comme un grand chef de cuisine, je ne révèle jamais les ingrédients de mon génie.

— De votre génie... ? répéta le journaliste avec toutes les peines du monde pour ne pas laisser transparaître l'ironie qui le submergeait.

— Connaissez-vous un autre mot pour qualifier de telles prouesses ? Je n'ai pas peur de parler de génie me concernant, car il n'existe pas de qualificatif plus juste. Il faut appeler un chat, un chat. Je ne vois pas ce qui aurait pu me permettre de réussir aussi brillamment, si je n'avais pas été touché par la grâce. Est-il scandaleux d'évoquer l'éminence des découvertes d'Einstein, des créations de De Vinci ou des œuvres de Mozart ?

— Certes non, Monsieur le Commissaire, consentit le journaliste.

— Eh bien pour moi, c'est pareil. Mon bilan relève de l'excellence... On dirait que cela vous gêne...

— Non, Monsieur le Commissaire. Simplement, en général, la grandeur d'un homme est validée par l'histoire.

— Je n'ai pas le temps d'attendre l'histoire, jeune homme. Ma supériorité doit être consacrée de mon vivant. Et puis l'histoire, vous savez... peut-on vraiment s'y fier ? lâcha-t-il avec mépris. Les faits parlent d'eux-mêmes : trente années de réussite exemplaire : huit cent cinquante trois affaires résolues, aucune affaire non résolue. N'est-ce pas admirable ? Il n'y a que le génie pour justifier de telles performances. A moins que vous n'ayez une autre explication à suggérer, *Monsieur* le journaliste ? acheva le Commissaire avec condescendance.

— Euh... non, concéda le journaliste.

— Eh bien, vous voyez. Certains se trouvent exceptionnels et n'osent pas le prétendre, alors qu'ils ne le sont pas. Moi, je le suis et je le dis. Trouvez-vous cela honteux, Monsieur Verlier ?

— Honteux... non...

— Alors, il n'y a rien à ajouter, le coupa le Commissaire. Vous pourrez en faire mention dans votre article. « *Le Commissaire Von Hartmann : l'inspiration du génie* ». Ce sera très... flamboyant. De nature à éblouir vos lecteurs, conclut-il avec satisfaction. Vous ne trouvez-pas ?

— C'est à voir..., Monsieur le Commissaire, murmura le journaliste.

— C'est tout vu, Monsieur Verlier. C'est tout vu... Bien, où en étions-nous ?

— Votre génie vous a porté..., ironisa intérieurement le journaliste.

— Oui, c'est cela... Ainsi, lorsque mon nom commença à apparaître dans la presse, je fus porté au pinacle... et assailli de courriers d'admirateurs. Les plus éloquents provenaient de ceux dont j'avais croisé la route et qui se rappelèrent immédiatement de moi : mes anciens professeurs, qui m'avaient toujours gratifié de leur superlatifs les plus enflammés, mes anciens camarades, qui jalousaient l'exceptionnalité de mes résultats, mes premiers collègues, qui m'admiraient secrètement, mes supérieurs hiérarchiques, pour qui mes déductions fines suscitaient une fascination troublée.

— Ces sentiments ne vous ont jamais paru exagérés ?

— Pas le moins du monde ! Tous avaient déjà compris - peut-être même avant moi - qu'Andreï Von Hartmann était bien d'une trempe d'exception. De celle qui traverse les frontières et se grave dans le temps... Très rapidement, mon nom fut associé aux grandes affaires. Celles qui font la Une des journaux et trembler les hiérarchies policières, celles qui finissent par affoler les ministres, quand se hisse à leur sommet, l'impatience trépignante de l'opinion.

— Pouvons-nous revenir un instant sur votre arrivée au *Quai des orfèvres* Monsieur le Commissaire ?

— Avec plaisir. C'est un souvenir délicieux.

— Comment cela s'est-il passé ?

— Je fus reçu avec tous les honneurs.

— Je n'en doute pas, Monsieur le Commissaire. Mais, je veux dire, comment se passa votre intégration au sein de la brigade ? On dit que cela n'est pas toujours facile, dans cette si prestigieuse institution.

— La mienne fit sensation. Dèsmon arrivée dans la brigade, une affaire brûlante me fut confiée : celle dite de *Roméo Le violoneux*. C'était ainsi que le redoutable tueur avait été surnommé par les journalistes. Le criminel, un bellâtre italien, dévoyait ses victimes en mélodiant de son violon délicat et rassurant, la *Dernière Complainte du Cygne* dans les rues animées de la capitale. Grisées, de jeunes demoiselles se laissaient docilement et dramatiquement entraîner dans de sombres ruelles, où l'individu les violentait pour les abandonner ensuite, sans vie malheureusement.

— Ce fut un succès, je présume.

— Evidemment. Je confondis promptement le criminel, puis l'appréhendai avec éclat.

— Puis d'autres affaires suivirent…

— Oui, plus retentissantes les unes que les autres, et qui bâtirent peu à peu ma réputation, ainsi que ma gloire ; ne mâchons pas nos mots. Car, phénomène paraissant impensable pour un policier, je suis devenu incroyablement populaire. Mes succès ont fait de moi l'effigie d'une police vertueuse et dominante : je rassure la population, j'angoisse les criminels et j'assure à mes instances supérieures la stabilité promise aux résultats qui apprivoisent l'opinion.

— Et jamais un échec ?

— Bien sûr que non ! Insolent ! Aucun malfaiteur ne m'a jamais échappé : l'arrestation du *Bûcheron du Bois de Baudineau,* c'était moi. La résolution de l'affaire de *l'étrangleur des caniveaux*, encore moi. Le démantèlement du *gang des frères Lacurée,* toujours moi. Ce fut moi, encore, qui confondis l'*Escroc de la Banque De France,* ce comptable à l'intelligence arithmétique, qui avait détourné des sommes insolentes à la barbe des contrôleurs les plus opiniâtres, pendant plus de quinze années, sans jamais avoir été suspecté... Ainsi j'évide cette société souillée de ses criminels, comme on émonde un jardin trop longtemps négligé.

— Et quelle a été l'affaire dont vous êtes le plus fier ?

— *L'empoisonneuse de l'Impérial de Genève,* sans hésiter. Vous en avez inévitablement entendu parler...

41

— Oui, le fameux Palace Suisse. Cette affaire avait fait beaucoup de bruit.

— C'est bien cela. Pour des motifs demeurés mystérieux, cette femme avait empoisonné à trois reprises ; trois victimes de renom, dont l'ambassadeur du Japon, ce qui avait suscité un séisme diplomatique du dernier degré. Alors que les policiers chargés de l'enquête piétinaient tristement et que l'affaire prenait une tournure dangereusement politique, le dossier me fut confié.

— Vous n'étiez pas encore Commissaire, je crois.

— En effet, je n'étais encore qu'un jeune inspecteur.

— Ce dut être un risque important pour votre hiérarchie.

— Oui, car l'affaire avait un retentissement international. Les enjeux étaient considérables et la pression qui s'abattit sur moi le fut tout autant. Pourtant, en trois jours seulement, empreint d'une audace aussi insensée que remarquable – qui, soit dit en passant, en fit frémir le Directeur de la brigade - j'appréhendai l'infernale empoisonneuse et mit un terme à la terreur qui avait gagné les plus hautes sphères.

— Justement, parlons un instant de votre hiérarchie.

— Si vous y tenez.

— On dit que vous avez toujours entretenu avec vos supérieurs des rapports… singuliers.

— Disons qu'ils ne m'ont jamais été d'une grande utilité.

— Que voulez-vous dire ?

— Ça veut dire ce que ça veut dire... L'exceptionnalité de mes résultats a toujours été en elle-même si insolente que leur seule proclamation a toujours muselé toute discussion... et rendu inutile l'intervention de qui que ce soit dans mes enquêtes.

— On dit néanmoins que vos méthodes ont parfois été discutées.

— Les directeurs qui se sont succédés à la Brigade ont tous très vite compris que mes méthodes n'avaient pas à être discutées. J'ai toujours bénéficié du soutien du Ministère. Il n'y a rien à dire de plus.

— Justement, pourriez-vous nous parler de vos méthodes ?

— Croyez-vous réellement que mes méthodes puissent intéresser vos lecteurs, Monsieur Verlier ?

— Oui, certainement.

— J'en doute. Ils ne les comprendraient pas.

— Ah. Pourquoi cela ?

— Les méthodes des génies sont toujours très mal comprises. Elles se positionnent à un niveau auquel le regard limité des autres ne peut se porter...

— Nos lecteurs ne sont pas idiots, Monsieur le Commissaire, protesta le journaliste.

— Pas d'histoire ! Vous savez très bien que si.

— Je vous assure, Monsieur le Commissaire, que je voue à nos lecteurs un infini respect.

— Allons, ne faites donc pas de mauvais esprit. Du respect pour vos lecteurs… ! Que c'est moche. Pourquoi pas de l'estime, pendant que vous y êtes… Enfin, restons sérieux ! Quoi qu'il en soit, je pense que vous avez assez d'informations pour votre article, trancha de manière péremptoire le Commissaire, tout en se levant prestement sans laisser le temps au journaliste de réagir.

Et sans autres formalités, il le raccompagna jusqu'à la porte de son bureau. Il lui serra alors fermement la main, tout en lui pressant le dos de son autre main et en le gratifiant d'un sourire forcé.

— Voilà, Monsieur Verlier, je suis persuadé que vous allez réaliser un excellent article, conclut-il sur un ton très appuyé et lourd de sous-entendus.

Il entendait bien lui faire comprendre qu'il escomptait un article à la hauteur de ses attentes et que sa hiérarchie, comme lui-même, s'en assureraient avec la plus grande rigueur.

Le journaliste s'inclina docilement, puis sortit en silence.

Aussitôt que le journaliste l'eut quitté, Le Commissaire vint se rasseoir à son bureau.

Il fixa alors avec émotion le florilège de photographies exposées pompeusement sur le mur borgne et qui siégeaient comme autant de témoins glorieux de ses innombrables épisodes de bravoure.

Sur l'une d'elles, il apparaissait plus jeune, avec son père, ce jour marqué où il avait été nommé inspecteur. L'image reflétait la fierté réciproque des deux hommes, le visage barré d'un sourire heureux et se tenant chaleureusement par les épaules.

Il resta ainsi un moment, béat et contemplatif.

On imagine très bien que cet état de paix était pour lui aussi rare qu'un éclat de rire dans un monastère des hauts plateaux tibétains. Mais sa décoration imminente au titre de Chevalier de la Légion d'Honneur le rendait exceptionnellement heureux et serein.

Il tenait donc à ce que tout soit parfait et avait fait en sorte que ce le soit. C'est pourquoi il était arrivé tôt à la brigade et avait expédié l'interview qu'il avait lui même organisé et qui n'était en réalité qu'une formalité. Il avait consigné ses collaborateurs, remisé ses dossiers au fond de ses tiroirs et neutralisé son téléphone.

Il souhaitait savourer chaque instant de cette fabuleuse journée, jusqu'au moment ultime, lorsque sa décoration ornerait le revers de sa veste. L'apothéose de sa gloire serait alors scellée.

C'est alors qu'il se trouvait dans cet état de grâce rêveuse qu'on frappa à sa porte. Trois coups mous, discrets, peureux, si effacés, qu'ils en étaient à peine audibles. Il s'agissait plus exactement de trois frottements. Mais ce qu'entendit le Commissaire Von Hartmann, c'était bien trois coups. Trois coups violents. Trois coups de trop dont la survenance même était déjà criminelle.

Son regard se noircit, ses lèvres se pincèrent, sa pommette droite se crispa avec sévérité, comme à chaque fois qu'il était envahi par l'écume de l'exaspération, ce qui lui arrivait plusieurs fois par jour, dans le meilleur des cas.

Il inspira profondément puis, tentant d'oublier l'incident, reprit son observation profonde des clichés sans répondre à la sollicitation, feignant de n'avoir rien entendu.

Un instant passa qui dura probablement plus d'une minute.

Les coups se renouvelèrent. Légèrement plus appuyés. Imperceptiblement plus prononcés, pour être tout-à-fait exact. En réalité, il ne devait avoir été ajouté qu'un minuscule décibel à la première tentative. Une seule unité. Comme si l'auteur s'était assuré avec une précision mesurée que la variation consentie était la plus faible possible.

Le décibel supplémentaire se fit toutefois détonation dans les tympans du Commissaire et anéantit dans l'instant sa sérénité concentrée.

« Qu'y a-t-il ? » hurla t-il avec rage.

L'auteur de la sollicitation ne pouvait pas s'attendre à plus douce réaction et aurait du par conséquent s'être préparé à y réagir de manière adéquate, c'est-à-dire armé d'un courage d'acier. Une irruption assumée aurait alors du s'en suivre.

Pourtant rien ne se passa sur l'instant.

Ce n'est qu'après quelques secondes d'une hésitation - vraisemblablement mortifiée - que la clenche s'affaissa doucement, puis maladroitement, et que la porte s'ouvrit lentement dans un grincement qui parut un vacarme, laissant apparaître une silhouette fébrile.

C'était l'Inspecteur Belain.

Son corps long et frêle, comme sa tête, s'amincirent encore en franchissant l'entrebâillement minimal consenti par la porte, tout aussi ébranlée que celui qui venait de l'actionner.
L'Inspecteur Belain resta fermement cramponné à la poignée de porte, devenue sous le contact, toute aussi moite que sa main, comme si le fait d'y rester accroché garantissait qu'il put s'échapper plus rapidement si le danger de la situation s'était concrétisé.

Le Commissaire l'épingla aussitôt :

— Belain ! Qu'est-ce que vous faites là ?

Belain tressaillit et frétilla des lèvres à la manière d'un petit rongeur. Puis il porta sa main restée libre, mais toute aussi suintante, à sa bouche, comme pour rassurer ses petites lèvres effrayées et bredouilla :
— Je suis désolé de devoir vous déranger Monsieur Le Commissaire, mais…

Le Commissaire Von Hartmann le coupa, tranchant comme un couteau de gros boucher, enfin, comme un gros couteau de boucher :

— Belain, que vous ai-je dit ce matin en arrivant ?

Belain hésita, comme si la réponse qu'il avait à fournir risquait d'atteindre son intégrité physique, puis il risqua :

— De ne pas vous déranger…? Monsieur le Commissaire.

— Non Belain ! Que vous ai-je dit, *exactement* ?

Belain hésita à nouveau. Cette fois, sa main droite, celle qui emprisonnait la clenche, la libéra de son étau spongieux puis se porta à son crâne - lequel était assorti d'une chevelure disparue sur le dessus et trop abondante à l'arrière, de sorte qu'elle avait été nouée en une odieuse queue de cheval - et le gratta nerveusement. L'action libéra au passage quelques fragments de peau morte, qui se déposèrent mollement de part et d'autre de son horrible costume gris vert chiffonné.

— De ne pas vous déranger, de toute la journée…? rectifia Belain.

— Non, Belain ! Ce que je vous ai demandé, *précisément*, c'est qu'on ne me dérange *sous aucun prétexte*.

Et il appuya ces trois derniers mots avec la force sourde que son sang germano-russe pouvait produire de plus glaçant et de plus pénétrant.

— Alors, Belain, reprit-il, pouvez-vous me dire ce que vous êtes en train de faire ?

— Je vous dérange ? répondit plus spontanément Belain, comme si cette fois, la réponse lui paraissait plus évidente.

— Exactement Belain, vous me dérangez.

Silence bref et courroucé du Commissaire, puis aussitôt :

— Pouvez-vous me dire à quelle heure je vous ai donné cette consigne, Belain ?

Belain réfléchit un instant.

— Il devait être environ sept heures, à votre arrivée, Monsieur le Commissaire, répondit-il avec discipline bien que ne comprenant pas l'intérêt de la question.

— A sept heures et dix minutes, exactement, précisa-t-il, bouillonnant. Et quelle heure est-il désormais, Belain ?

Belain, d'abord surpris par la question, scruta longuement sa montre, comme s'il y cherchait une issue de secours improbable, puis répondit :

— Huit heures dix, Monsieur le Commissaire.

— En effet, il est bien huit heures dix, Belain. Cela fait donc soixante minutes exactement que je vous ai donné cette directive, articula-t-il avec lenteur. Alors, je ne vois que deux hypothèses :

où bien vos facultés cognitives ne sont guère plus performantes que celle d'un bouquetin, ce qui expliquerait votre incapacité à comprendre d'aussi basiques instructions, ou bien c'est votre mémoire qui est incapable de se maintenir au delà de soixante petites minutes, ce qui vous relèguerait de facto au niveau cérébral encore moins admirable du mollusque. J'exclus évidemment d'emblée l'éventualité que vous ayez délibérément bravé mes instructions. Vous n'auriez jamais osé faire une chose pareille, n'est-ce pas, Belain ?

— Non, Monsieur le Commissaire, bien sûr, c'est que…

— Alors, laquelle de ces deux premières hypothèses est la plus juste Belain ? Pouvez-vous me le dire ?

L'inspecteur Belain ne répondit pas.

— Répondez Belain ! insista Von Hartmann en haussant le ton.

— Il y a quelqu'un qui souhaite vous voir, Monsieur le Commissaire, se justifia Belain en se risquant courageusement à cette bravade.

Le Commissaire le fixa intensément.

— Savez-vous à quoi vous me faites penser, Belain ?

— Euh, non, Monsieur le Commissaire, réagit Belain machinalement.

— A un spermatozoïde. Vous me faites penser à un spermatozoïde, Belain.

— …

— Savez-vous pourquoi ?

— Euh, Non, Monsieur le Commissaire.

— Un spermatozoïde se précipite frénétiquement et aveuglément sans réfléchir une seconde aux raisons qui le poussent à le faire. Exactement comme vous.

— …

— Depuis combien de temps êtes vous affecté ici, Belain ?

— Une semaine, Monsieur le Commissaire.

— Savez-vous combien de personnes cherchent à me rencontrer, chaque jour ?

— Non, Monsieur le Commissaire.

— Plusieurs dizaines, si ce n'est plus.

Belain haussa les sourcils, qu'il avait gras et broussailleux, puis, comme s'il mesurait que l'irritation du Commissaire s'apprêtait à se hisser d'un niveau, se gratta à nouveau nerveusement le crâne et libéra une nouvelle légion de peaux mortes sur sa veste déjà surpeuplée.

Le Commissaire reprit :

— Pensez-vous que je puisse recevoir tous ces gens, Belain ?

— Je suppose que non Monsieur le Commissaire.

— En effet, je ne les reçois pas. Savez-vous pourquoi ?

— …

— Savez-vous pourquoi, Belain ? répéta Von Hartmann avec insistance.

— Non, Monsieur le Commissaire, répondit Belain.

— Car je ne ferais plus que ça et mes enquêtes n'avanceraient plus. Vous comprenez, Belain ?

— Oui, Monsieur le Commissaire.

— Pensez-vous donc, dans ces conditions, que le jour où je demande expressément à ne pas être dérangé, que ce jour là, précisément, je vais faire exception à cette règle et recevoir le premier enquiquineur qui me demande ? ! acheva-t-il avec une colère froide.

L'inspecteur Belain, plus interdit encore, se figea un instant, puis semblant rassembler ce dont il était capable de courage, réagit enfin :

— Non, je le sais, Monsieur le Commissaire. Je connais vos instructions. Elles m'ont été expliquées à mon arrivée.

— Alors quoi, Belain, seriez-vous donc demeuré ?

— C'est que, Monsieur le Commissaire, il s'agit d'une situation très particulière.

— Une situation très particulière ! s'emporta-t-il. Mais qu'est-ce que vous me chantez-là, Belain ? Quelle situation particulière pourrait-elle bien justifier qu'on me dérange lorsque j'ai clairement stipulé que je ne souhaitais pas l'être ? exulta-t-il.

Puis, après avoir repris sa contenance, il poursuivit sur un ton subitement plus doux, mais ouvertement sarcastique :

— S'agit-il d'un membre du gouvernement ?

— Euh, non, Monsieur le Commissaire.

— D'une personnalité hautement éminente, qui me ferait l'honneur d'une visite surprise ?

— Non, Monsieur le Commissaire.

— Serait-ce peut-être alors une jeune et jolie personne, me ressemblant très vaguement et qui affirmerait que je suis son père ?

— … Non, Monsieur le Commissaire.

— Une personnalité politique importante, qui viendrait en personne me saisir d'une affaire des plus délicates ?

— Oui et non, Monsieur le Commissaire, se risqua Belain, hésitant.

— Comment cela, oui et non, Belain, qu'est-ce que ça veut dire ?

— Il est bien question d'une affaire délicate, mais il ne s'agit pas d'une personnalité politique, Monsieur le Commissaire.

— Et en quoi est-elle délicate cette affaire, Belain ?

— Il s'agit d'un meurtre Monsieur le Commissaire.

— Un meurtre ? Eh bien quoi, un meurtre, qu'est-ce que cela a de si extraordinaire ? Il y en a tous les jours des meurtres. Vous n'avez qu'à demander à Gourdot ou à Janlier de s'en occuper, s'il s'agit d'une urgence. Je ne suis là pour personne aujourd'hui, c'est clair ? conclut-il enfin, las.

— Pardonnez-moi d'insister Monsieur le Commissaire, mais cette personne ne souhaite parler qu'à vous seul.

Le Commissaire se saisit la tête entre les mains, inspira bruyamment, puis comme s'il semblait consentir un effort surhumain, expira :

— Qu'à moi seul ? Enfin Belain, soyez plus explicite. De quoi s'agit-il exactement ? Qui est cette personne et que veut-elle ?

L'inspecteur Belain, légèrement rasséréné par le début d'intérêt esquissé par le Commissaire, exposa :

— Il s'agit d'un homme, mais qui refuse de donner son identité. Il s'est présenté en prétendant qu'il se livrait pour avouer un homicide. Mais il dit qu'il n'acceptera de le faire qu'à vous seul…

Le Commissaire fixa Belain, joignit ses mains à plat, puis les porta à son visage jusqu'à ce que ses deux index collés l'un à l'autre viennent se positionner sur ses lèvres, comme s'il s'apprêtait à effectuer une sorte de prière, mais qui était l'expression habituelle de son état de réflexion.

Puis, s'adoucissant :

— Savez-vous quelle est l'arme la plus efficace dont dispose l'homme pour battre un adversaire plus fort que lui Belain ?

L'inspecteur, surpris par cette question inattendue, tarda à répondre, puis après avoir réfléchi un instant :

— L'intelligence, Monsieur le Commissaire ?

— Cela ne suffit pas. Votre adversaire peut très bien être plus intelligent que vous.

— La ruse ? tenta l'Inspecteur.

— Non, Belain, un adversaire affuté la percevra. Quelque chose de plus pénétrant...

— L'audace ?

— Non, l'audace peut surprendre, vous donner un avantage éphémère, mais si l'adversaire est coriace, il saura reprendre le dessus.

— Je ne vois pas, Monsieur le Commissaire, abandonna l'Inspecteur après un silence.

Le Commissaire prit alors un ton professoral :

— Les armes psychologiques sont nombreuses, Belain. Certaines sont très classiques : le chantage, le mensonge, la pression, la menace ou l'intimidation. D'autres sont plus subtiles telles que la fourberie cauteleuse, la duperie abjecte ou le stratagème sournois. Mais il en existe une qui les surpasse toutes...

— ...

— Allons, réfléchissez, Belain. Je suis sûr que vous le savez, au fond de vous.

— Non, je ne vois vraiment pas, Monsieur le Commissaire, abdiqua-t-il après un nouvel instant de réflexion crispée.

— Le doute, Belain, le doute !

— Le doute ? s'étonna l'Inspecteur.

— Bien sûr, Belain, le doute est l'arme la plus redoutable d'entre toutes. Elle est la seule qui vous permette de terrasser un adversaire bien plus fort que vous.

— …

— Lorsque j'étais enfant, Belain, j'adorais regarder les compétitions sportives qui étaient diffusées à la télévision. Je les regardais toutes, quel que soit le sport. C'est alors que le phénomène m'a été révélé. J'en ai mesuré la redoutable et inégalable efficacité, propre à neutraliser n'importe quel adversaire. En observant les renversements les plus spectaculaires - quand le vaincu présumé, tant il était dominé par son adversaire, reprenait l'ascendant et arrachait la victoire finale – je me suis aperçu que c'était l'altération de la confiance, sclérosée par le doute, qui, dans la plupart des cas, était l'incroyable responsable du miracle. Ainsi, les plus grands champions pouvaient être terrassés par les plus insignifiants *outsiders*, dès lors que ces derniers parvenaient simplement à semer le doute dans l'esprit de leur adversaire, fut-il armé au départ, de la toute puissance de sa supériorité et de la certitude absolue de sa victoire. Pour tout le monde, il s'agissait là de la beauté du sport. Moi pas. J'y ai découvert la très opportune faiblesse du cerveau humain.

— Ah…, bredouilla l'Inspecteur Belain.

— Voyez-vous, Belain, le doute se conçoit comme une sorte de Cheval de Troyes, par lequel il est introduit dans l'esprit de votre adversaire. Alors le mal agit : il commence par altérer la qualité des gestes pourtant répétés mille fois, à fausser la précision des mouvements parfaitement rodés. Ensuite, il défait les rouages les mieux établis, il désorganise les stratégies les plus minutieusement préparées. Enfin, il achève son œuvre en brisant la sérénité de votre victime et en détruisant tous ses repères. Son pouvoir est terrifiant. Et exaltant.

— Le sport vous a enseigné cela, Monsieur le Commissaire ?

— Oui, Belain ! s'anima fièrement le Commissaire. Excité par ma découverte, mon esprit se mit aux aguets et je commençai à l'observer de tous côtés. Je réalisai que le phénomène était bien loin de se limiter au domaine sportif. On le retrouvait dans le jeu, notamment ; et le poker en particulier, où les joueurs les plus aguerris voient leur assurance anéantie en quelques instants, dès lors qu'un concurrent plus audacieux parvient à faire croire en la supériorité de sa combinaison et à remporter le pot, alors même que la main de l'autre aurait été bien plus forte. Admirable n'est-ce pas ?...

Le Commissaire marqua un temps empreint de ravissement puis reprit :

— J'observai que ce phénomène merveilleux se répétait partout. Et à chaque fois que je le dénichais, il enrichissait mon expérience et la pertinence de ma théorie. Ainsi, je compris que c'est le doute qui suscite la jalousie, qui paralyse les timides - fussent-ils les plus talentueux - le doute encore qui fait basculer les négociations les plus difficiles, qui alimente les rancœurs, suscite l'injustice, qui neutralise les ambitions les plus vertueuses, bloque les élans des plus compétents, anéantit l'assurance des plus aguerris. Je compris que le doute est l'arme absolue...

— ...

— Méditez bien cela Belain...

Le Commissaire se tut, laissant l'Inspecteur appréhender ses confidences, puis, changeant de ton, il l'interrogea :

— Bien, revenons à votre homme. Il ne vous a rien dit d'autre ?

— Non, confirma l'Inspecteur. Simplement qu'il était l'auteur d'un homicide et qu'il n'accepterait de se livrer qu'à vous seul.

— Pourquoi refuse-t-il de dire qui il est ?

— Il dit qu'il a ses raisons.

— C'est curieux, pour quelqu'un qui vient se livrer spontanément.

— Oui, c'est très curieux.

— Vous avez insisté ?

— Oui. Vainement.

Le Commissaire marqua un silence.

— Description ?

— Je dirais, un mètre soixante-quinze, soixante-dix kilos, cheveux châtains, yeux bleus, une trentaine d'années, peut-être moins.

— Et comment présente-t-il ?

— Jean, chemise blanche, veste noire.

— Et quel effet vous a-t-il fait ?

— Il a l'air sensé, éduqué, intelligent.

— Rien de particulier…

— Eh bien si justement, Monsieur le Commissaire. C'est difficile à expliquer, mais il m'a paru… étrange.

— Etrange ? Comment cela ?

— Je ne sais pas l'expliquer Monsieur le Commissaire. C'est une drôle d'impression.

— Soyez plus clair Belain ! Vous n'êtes pas concierge, bon sang ! On ne se contente pas d'impression, quand on est Inspecteur de police.

— C'est que c'est indéfinissable Monsieur le Commissaire. Une sorte d'intuition.

Le Commissaire soupira. Il ne pouvait fustiger ce sentiment. Lui-même était génialement intuitif. Aussi passa-t-il.

— L'individu vous a t-il paru avoir peur ? demanda le Commissaire.

— Peur ?

— Oui, vous a-t-il semblé qu'il avait peur ?

— Je ne sais pas Monsieur le Commissaire.

— Enfin, Belain, tâchez de vous souvenir, c'est important.

— Eh bien, il me semble avoir perçu une certaine inquiétude, mais c'est difficile à dire, Monsieur le Commissaire.

— Il faut être très attentif à cela, Belain. Quand vous appréhendez un suspect, la première chose à évaluer est son niveau d'angoisse. C'est essentiel. Plus une personne est angoissée, plus elle est suspecte. C'est physiologique. Et la physiologie, ça ne trompe pas !

— Il n'avait pas l'air plus effrayé que cela, estima finalement l'Inspecteur Belain.

— Qu'il n'en ait pas l'air ne signifie pas qu'il ne l'était pas. Il faut observer les signes.

— Les signes ?

— Bien sûr, les signes de la peur sont multiples. Avait-il la voix chevrotante ?

— Peut-être, légèrement.

— Le regard fuyant ?

— Oui, sensiblement.

— Des sueurs ?

— Quelques traces.

— Les mains moites ?

— Je ne les ai pas touchées.

— C'est un tort. Il faut toucher son suspect Belain, il faut le tâter, le palper, l'ausculter. Le médecin ausculte pour identifier la pathologie. Le policier, quand à lui, ausculte pour mesurer la culpabilité. Le corps parle, Belain. Il avoue la peur de son propriétaire, quand elle est présente. Vous y trouvez des tensions, des crispations, des cambrures qui sont tout aussi parlantes, et même davantage, que tout ce que pourra vous dire, ou ne pas vous dire, votre quidam. Le corps parle, Belain, le corps parle... Parfois, il murmure, seulement. Il laisse à peine entrevoir, de manière subtile, par des signes infinis, mais éloquents néanmoins, pour qui sait les identifier, les apprécier, les interpréter... Le corps trahit la peur, comme l'épaisseur des verres révèle la myopie, comme l'exhalaison du souffre révèle l'activité volcanique... Et c'est au policier qu'il appartient de la débusquer, acheva-t-il avec gravité.

Le Commissaire laissa passer un instant.

— Et son pouls ? Avez-vous pris son pouls ?

— ... Non, Monsieur le Commissaire.

— Pourtant, son cœur, lui aussi vous en dira beaucoup. S'il bat trop vite, vous saurez. S'il bat trop lentement, vous saurez aussi... Il faut tout examiner, tout passer au peigne fin, déceler les signes infimes que votre homme cherche à vous cacher, comme ceux qu'il vous montre trop !

— Qu'il montre trop ?

— Oui, bien sûr... Une femme qui se maquille à outrance ne cherche pas forcément à se rendre plus belle, mais peut vouloir se camoufler. A camoufler sa peur ! Sa peur de dévoiler son état naturel, de se montrer telle qu'elle est. Sa crainte de ne pas plaire suffisamment et d'être rejetée. Il y a là, déjà, le terreau d'un crime en puissance… Celle qui se restreint à s'alimenter au point de s'affamer, veut se réduire à rien, devenir invisible et passer inaperçue. Pourquoi ? La peur encore, qui se révèle ainsi. Une peur sournoise et insidieuse… Celle qui se goinfre peut chercher à se dissimuler, encore, derrière d'épais tissus adipeux. Tout cela relève du même objectif, cacher ce qui leur fait peur : leur propre personne. La malice perfide de l'inconscient féminin…

— Il faut bien reconnaître qu'il y a parfois matière à occulter, s'amusa bêtement l'Inspecteur.

— Ne jouez pas au finaud, Belain ! Il n'y a rien d'amusant. C'est de la psychologie humaine à application criminelle. Ne l'oubliez pas ! Regardez encore, de quelle manière les femmes pourchassent les effets de mode. Avez-vous une idée de ce qu'elles y cherchent ?

— La grâce au travers de la coquetterie, tenta de se reprendre Belain.

— Vous n'y êtes pas Belain ! En se drapant avec excentricité de fripes tape-à-l'œil, leur corps se voile, se dérobe et elles occultent leurs peurs, toujours…

— Ah, les femmes…, ajouta Belain dans une forme de condescendance crétine visant à accompagner mielleusement les propos pontifiants du Commissaire.

— Mais, les hommes ne sont pas en reste, loin s'en faut, le contrecarra le Commissaire. On retrouve chez eux les mêmes artifices révélateurs, ou, dissimulateurs, pour être exact. S'ils s'épuisent idiotement sous les haltères pour hypertrophier leurs muscles, c'est pour enrober, et par là-même, dissimuler leur faiblesse.

— Il me semble que l'argument a moins de sens, bouda Belain, qui venait justement de souscrire un coûteux abonnement dans une salle de sport pour tonifier ses muscles flasques.

— Détrompez-vous Belain. Tout a un sens ! Tout !… Pourquoi se soumettent-ils à ces affreuses pilosités faciales ?

— Pour affirmer leur virilité, se défendit Belain qui avait jadis porté fièrement la moustache.

— Pour envelopper l'austérité suspecte de leurs traits…, affirma le Commissaire.

— …

— Comprenez-vous, Belain, une observation fine et attentive de la physionomie vous éclairera beaucoup sur la personnalité d'un individu, ses faiblesses, son caractère, et par là-même, sur le terrain sur lequel il s'est construit et qui contribuera, un jour, au passage à l'acte ! … Bien. Revenons à notre homme… Il ne semblait pas spécialement effrayé, donc ?

— Non, pas vraiment, Monsieur le Commissaire, mais… il paraissait tout-de-même plutôt anxieux.

— Bon… Pensez-vous qu'il puisse s'agir d'un illuminé ? interrogea le Commissaire.

— Je suis certain que non, Monsieur le Commissaire.

— Qu'est-ce qui vous donne autant de certitude ?

— Ses yeux Monsieur le Commissaire. Un regard… profond.

— Profond, répéta Von Hartmann, intrigué.

— Oui, il y a quelque chose dans son regard de très particulier.

— C'est-à-dire ? Expliquez-vous.

— Je ne sais pas comment dire Monsieur le Commissaire. J'y ai vu comme une sorte de lueur froide, glaçante même…

Von Hartmann apprécia ces derniers mots, tout en observant l'Inspecteur qui semblait effectivement troublé, comme si ce personnage était parvenu à le déstabiliser, peut-être même, à l'inquiéter.

Il jeta alors un bref coup d'œil à sa montre. Il était maintenant huit heures trente. Il songea qu'il pourrait peut-être recevoir cet individu, recueillir rapidement ses aveux et prendre à son compte cette nouvelle affaire. Il pourrait présenter aux médias cette histoire comme une nouvelle facette de son exceptionnelle envergure : un meurtrier qui vient spontanément le voir pour confesser son forfait. Cela ajouterait très certainement à son aura, qui prendrait une dimension encore plus extraordinaire. Il imaginait déjà comment les journalistes tourneraient l'affaire : « *Quand le Commissaire Van Hartmann ne vient pas aux criminels, les criminels viennent à lui.*». Pour un peu que le crime de ce type soit sordide, ce serait du meilleur effet.

Et puis, il y avait autre chose : sans savoir pourquoi, sa curiosité était irrémédiablement piquée. Qui était donc cet homme mystérieux qui avait autant troublé l'Inspecteur Belain ? Car si l'inspecteur Belain pouvait paraître idiot, il ne l'était pas. La nomination d'un Inspecteur dans l'illustre brigade criminelle ne se faisait que sur de sérieuses références. Et même s'il venait tout juste d'intégrer la brigade, son jugement lui avait paru plutôt pertinent. Et pourquoi cet homme souhaitait-il aussi résolument avoir affaire à lui et à personne d'autre ? Hautement vaniteux, le Commissaire était forcément sensible à l'approche.

Et quel était donc cet homicide dont il se prévalait ?

L'inspecteur Belain parcourait le couloir qui le ramenait à l'accueil de la brigade, fier et triomphant, un sourire large lui égayant le visage. Il avait réussi.

Lorsque cet homme inconnu s'était présenté et avait demandé à rencontrer le Commissaire Von Hartmann, ses collègues s'en étaient bruyamment amusés. Mais quand l'Inspecteur Belain avait estimé, quant à lui, qu'il fallait le prendre au sérieux et en aviser le Commissaire, l'amusement avait viré en hilarité pétulante, puis en joyeux chahut.

Ce jeune *bleu* de la brigade, tendre ignorant des réactions acérées du Commissaire, allait se faire tailler en pièce. Déjà en temps ordinaire, se présenter au Commissaire était une épreuve risquée. Mais un jour comme celui-ci, il fallait être fou.

Pourtant, l'Inspecteur Belain s'était entêté et les esclaffades avaient alors cessé. Un cercle large s'était formé. Un bookmaker s'était désigné. Les mises furent lancées.

Dans la brigade, le Commissaire alimentait tous les paris. Il était si imprévisible que tout ce qui le concernait était sujet à débat. Au fil du temps, les débats s'étaient mus en conjectures, les conjectures en probabilités, les probabilités en paris. Il advint que chaque épisode singulier y était prétexte.

Mais celui-ci fit grimper les cotes à l'indécence. Il faut dire que la demande de ce prétendu meurtrier de n'avoir à faire qu'au Commissaire Von Hartmann en personne, précisément le jour où il allait être fait Chevalier de la Légion d'Honneur et alors qu'il avait exigé de ne pas être dérangé, n'avait rigoureusement aucune chance d'aboutir.

Aussi, les mises s'étaient envolées.

L'inspecteur Belain, quant à lui, avait estimé que se présentait là une affaire dont il fallait saisir le Commissaire.

Et si c'était vrai ? Et si l'affaire était aussi importante que cet homme le prétendait, qu'il soit éconduit et se présente alors dans une autre brigade ? Qu'un autre que le Commissaire résolve cette affaire et en reçoive tous les honneurs ? Von Hartmann en serait informé, inévitablement. Il apprendrait alors que le criminel en question s'était d'abord présenté ici, qu'il avait exigé de ne livrer ses aveux qu'à lui seul et que personne n'avait jugé utile de l'en aviser. Les conséquences en seraient effroyables et il lui en coûterait, à lui particulièrement, à qui avait été confiée la responsabilité de l'accueil ce jour là.

C'est pourquoi il avait jugé qu'il fallait prendre le risque de braver le Commissaire, quelles qu'en soient les conséquences, dont il jugea de toute façon qu'elles ne pourraient pas être plus terribles que celles imaginées si ce scénario terrible se réalisait.

Mais alors qu'il s'engouffrait bouillonnant et exalté dans le couloir débouchant sur l'accueil, et qu'il aperçut cet homme froidement installé, l'inspecteur Belain fut soudain frappé d'un doute.

L'homme était assit posément, étrangement serein, le regard calme et assuré.

Tout cela lui parut alors étrangement anormal. Ce n'était pas le regard de quelqu'un qui venait de commettre un crime : aucune peur, aucune inquiétude, aucun frisson.

Surtout, ce n'était pas le même regard dont il était pourvu, à son arrivée, alors qu'il s'était adressé à lui et qui l'avait convaincu de braver le Commissaire Von Hartmann.

A cet instant précis, alors que l'homme ne l'avait pas vu revenir, et ne se sachant pas observé, il lui sembla percevoir quelque chose d'autre, quelque chose d'indéfinissable.

Et de terriblement préoccupant.

Et s'il avait eu tort ? S'il avait mal perçu la sincérité de cet homme ? Et si tout cela n'était qu'un canular ou pire encore ? Et si ce type n'avait commis aucun crime ? Le Commissaire ne lui pardonnerait jamais une telle erreur. Il serait certainement réaffecté dans un commissariat de banlieue, et se trouverait affecté aux banales affaires de délinquance mineure, pour d'ennuyeuses et interminables années, probablement.

Un dilemme se présenta : le chasser ou le conduire au Commissaire ?

Il s'imagina rebrousser chemin, se présenter devant le Commissaire et lui annoncer que finalement, réflexion faite, l'affaire ne lui semblait plus aussi pertinente.

Non, c'était inconcevable. C'eut été pire encore.

Il n'avait plus le choix, désormais.

Il devait lui présenter cet homme, et ce, quelle que soit la pertinence de ce mauvais pressentiment.

Lorsque l'homme aperçut l'Inspecteur Belain réapparaître à l'angle du couloir, revenant du bureau de l'illustre Commissaire Von Hartmann, la cadence de son pouls s'intensifia, mais il comprit instantanément que le Commissaire allait le recevoir.

Il réajusta sa veste, frotta machinalement la partie inférieure de ses manches pourtant impeccables, afin d'en évacuer les éventuelles impuretés qui auraient pu s'y être distraitement déposées.

Alentour, une ambiance sonore singulière résonnait dans la brigade. On y ressentait les enjeux criminels de ce qui y était mené : les conversations s'animaient de l'écho sagace des enquêtes allant bon train, des sonneries de téléphones alertes raisonnaient furieusement sous la pression d'informations pressées d'être diffusées, les spasmes nerveux d'une agitation bruyante et diffuse révélaient l'imminence d'investigations musclées.

L'Inspecteur Belain, d'un pas bien plus discret, car isolé de la rencontre sonore du sol carrelé par ses semelles en caoutchouc, se dirigeait nerveusement vers lui.

L'homme observa que l'Inspecteur cherchait à dissimuler dans l'iris sombre de ses yeux indécis, quelque chose qui ressemblait imperceptiblement au voile du doute. La lueur vacillante du soupçon semblait luire au fond de ses pupilles policières.

L'Inspecteur arriva à sa hauteur. L'homme le gratifia d'un maigre sourire qu'il dénua volontairement de tout sentiment, si ce n'était une légère appréhension, dont il sembla évident qu'elle n'était pas simulée. Puis il attendit froidement que l'Inspecteur se prononce.

Le visage de l'inconnu était figé dans un masque curieusement inexpressif.

— Le Commissaire va vous recevoir, annonça l'Inspecteur Belain.

L'homme marqua sa satisfaction d'un prompt mouvement de tête, paupières fermées. Ce n'était pas là l'expression d'un remerciement, mais la réaction satisfaite d'une réponse qu'il n'envisageait pas différente.

— Suivez-moi, je vais prendre votre identité, enchaîna l'Inspecteur.

— Je ne dévoilerai mon identité qu'au Commissaire Von Hartmann, je vous l'ai dit, réagit aussitôt l'homme.

— C'est la procédure, protesta l'Inspecteur tout en trahissant, par un léger fléchissement du timbre de sa voix, qu'il était déjà vaincu par la position ferme de l'homme.

— Peu importe la procédure, riposta l'homme. C'est la seule condition que je pose à ma démarche. Puis il toisa l'Inspecteur d'une manière qui signifiait clairement que c'était à prendre ou à laisser, que la décision lui appartenait, mais qu'à défaut, il ferait immédiatement demi-tour et le laisserait seul avec la responsabilité délicate d'informer son départ au Commissaire.

— Pourquoi donc ? Si vous avez bien commis l'homicide que vous prétendez, il faudra bien y consentir, tôt ou tard et d'une manière ou d'une autre, souffla-t-il, en tentant mollement d'introduire à sa remarque un sous-entendu menaçant.

— Cela me regarde Inspecteur. Voulez-vous bien me conduire auprès du Commissaire, à présent ?

L'Inspecteur le considéra avec sévérité, envisagea un instant de museler l'arrogance de cet inconnu, dont les intentions lui paraissaient maintenant douteuses, mais se ravisa. Il feint de réfléchir encore un instant, considérant pour se rassurer que la situation justifiait certainement qu'une exception soit consentie, fut-elle rageante, puis il obtempéra :

— Suivez-moi, lâcha-t-il enfin, sur un ton de mépris ouvertement appuyé, valant baroud d'honneur peu vaillant.

L'homme sourit imperceptiblement, se leva lentement, attrapa son pardessus, puis suivit docilement l'Inspecteur Belain.

Le Commissaire Von Hartmann se tenait face à la fenêtre, maudissant le ciel gris et sombre qui couvrait la ville, comme une couverture fatiguée qui aurait pris le contrôle de l'atmosphère, animée d'intentions maussades.

Il s'était persuadé qu'à son habitude, le soleil, complice de sa gloire, lui aurait offert sa grâce et aurait magnifié sa cérémonie d'une éclatante lumière dorée. Mais ce ne serait pas le cas, manifestement. Mauvais présage, pensa-t-il malgré lui.

On frappa à nouveau à sa porte, mais cette fois, de manière légèrement plus assurée.

— Entrez ! aboya-t-il.

La porte s'ouvrit en grinçant sur l'Inspecteur Belain, qui s'avança prudemment.

Un silence de mort accueillit l'Inspecteur. Derrière lui, l'inconnu était resté en retrait.

L'Inspecteur se tourna vers ce dernier, et d'un air laissant deviner son inquiétude, le pria d'un mouvement de tête incertain de le suivre.

L'homme s'exécuta aussitôt, empreint d'une fausse nonchalance.

Le Commissaire était toujours posté près de la fenêtre, silencieux. Il observa l'homme discrètement, bien qu'attentivement. Son visage était fin et ses traits réguliers. Il portait une fine barbe, taillée très court, entourant simplement ses lèvres et son menton. Sa physionomie était fidèle à ce que lui avait décrit l'Inspecteur Belain, bien qu'il lui sembla que l'homme était probablement plus âgé que ce que son aspect physique ne le laissait supposer. Ce sentiment lui vint probablement de son regard, qui avait effectivement quelque chose de particulier : c'était un regard à la fois sombre et lumineux, mais également pénétrant et diffusant quelque chose... d'intrigant.

— Vous pouvez nous laisser Belain, commanda-t-il à l'Inspecteur.

L'Inspecteur sembla s'ébrouer, ce qui devait être une sorte de frisson nerveux, comme s'il était déçu que le rideau se referme aussi rapidement pour lui. Sans doute une partie de lui aurait-elle aimé suivre le spectacle. L'autre, certainement plus raisonnable, lui dictait de rester le plus éloigné possible de la scène.

Puis il obtempéra et se retira penaudement.

Le Commissaire attendit que l'Inspecteur ferme la porte derrière lui et que ses pas s'évanouissent dans le couloir. Il fixa durant ce temps l'homme dans les yeux, sans rien dire, et sans rien exprimer par son regard, si ce n'était une indifférence et une sérénité qu'il voulut absolue.

Près de trente secondes passèrent. L'homme soutenait le regard du Commissaire avec passivité, attendant que ce dernier s'exprime.

— Asseyez-vous, je vous prie, le pria alors le Commissaire.

— Merci, Commissaire.

— *Monsieur* le Commissaire, le corrigea-t-il. Je suis très à cheval sur le protocole.

— Très bien, Monsieur le Commissaire.

L'homme s'avança, déposa soigneusement son pardessus sur l'un des deux fauteuils disposés face au bureau du Commissaire, puis s'installa sur l'autre.

Le Commissaire le regarda faire patiemment, puis une fois que l'homme lui sembla au sommet de son attention, il quitta la position où il était resté depuis le début, devant la fenêtre, et s'assit à son tour.

— On me dit que vous auriez commis un homicide.

— C'est exact, confirma l'homme.

— Bien.

— …

— On pense qu'il est beaucoup plus appréciable pour un policier que l'auteur d'un homicide, pris de remords, se dénonce de lui-même et se livre sans contrainte aux forces de police. On s'imagine que c'est la situation idéale. C'est ce que vous croyez également, n'est-ce pas ?

— Je suppose que oui, répondit l'homme, légèrement surpris par la question.

— Il y a du vrai, admit le Commissaire. Mais, pour des raisons différentes que ce que l'on croit.

— …

— On s'imagine que le plus fastidieux pour un policier est d'avoir à retrouver le coupable. On pense évidemment à l'enquête minutieuse qu'il faut mener : compiler les indices, examiner toutes les pistes, apprécier et vérifier chaque détail, interroger une multitude de témoins, puis recouper leurs dépositions, vérifier les alibis des suspects, se déplacer ici ou là, pour effectuer toutes sortes de recherches, et cetera…

Von Hartmann marqua un temps d'arrêt, offrant à l'homme l'opportunité de s'exprimer sur le sujet, mais il n'en fit rien. Il semblait particulièrement attentif aux propos du Commissaire, dont il semblait écouter chaque mot avec un respect appuyé.

— En réalité, tout cela n'est pas si contraignant, reprit le Commissaire. C'est un travail certes minutieux, qui peut-être long et harassant, mais qui n'est pas dépourvu d'intérêt, pour peu qu'il soit parfaitement organisé et exécuté avec soin. C'est un travail beaucoup plus attrayant qu'il n'y paraît. Il nécessite simplement d'être bien orchestré et que l'on dispose évidemment des effectifs suffisants, pour être sûr de ne rien oublier et avancer rapidement. En réalité, enquêter sur un crime est un exercice plutôt plaisant, pour qui aime résoudre des énigmes et sait être suffisamment patient et perspicace.

Le Commissaire marqua une nouvelle pause.

— Savez-vous en réalité, ce qui est le plus fatigant ?

— ... Non.

— La victime. Enfin, devrais-je dire, la famille de la victime, puisque dans ma spécialité, la plupart du temps, la victime directe n'ennuie plus personne, si ce n'est les employés des pompes funèbres, évidemment... Vous n'imaginez pas à quel point la famille d'une personne assassinée peut être épuisante. Il faut supporter leur tristesse, subir leurs pleurs, compatir à leurs jérémiades, se justifier de l'avancement de l'enquête, leur rendre compte. Et tout cela ne serait rien, s'il n'y avait pas leurs sempiternelles et insupportables lamentations. C'est cela qui est affreux en réalité, ce n'est pas l'enquête.

Le Commissaire se tut un instant, laissant à l'homme le temps nécessaire pour apprécier les confidences qu'il lui faisait, puis il poursuivit.

— Quand un criminel se livre de sa propre initiative à la police et l'avise de l'homicide qu'il a commis, il la prive du plaisir de son enquête, c'est un fait. C'est très contrariant, mais il faut bien reconnaître qu'il lui épargne ainsi les affres de cette famille plaintive et larmoyante. L'enquête est vite bouclée et tout cela file dans les mains de la justice. C'en est fini, ou presque pour les enquêteurs. C'est en cela que la démarche peut être véritablement avantageuse. Voyez-vous ?

— Je n'avais pas vu cela sous cet angle, admit l'homme.

— Evidemment. On ne peut pas s'imaginer. C'est abominable une famille éplorée ! Je vous assure, un véritable supplice. Bien sûr, les journalistes, eux, en font leurs choux gras, comme toujours, ils l'adoucissent, l'embellissent, la présentent sous ses meilleurs jours. Ils prennent de jolies photos. Ils exposent des visages qui suscitent la compassion et donnent des airs de martyres. Mais la réalité est tout autre : ce sont des poisons, d'affreuses sangsues éprouvantes et voraces, qui vous vident de votre énergie, jusqu'à épuisement.

Le Commissaire, qui s'était penché sur son bureau au fur et à mesure de son exposé, en se rapprochant peu à peu de l'homme, se redressa et s'adossa à son siège. Il releva la tête et prit une profonde inspiration. Il croisa alors les doigts tout en portant son regard vers le fond de son bureau, comme s'il le portait vers un paysage lointain.

— C'est pourquoi, quand on pèse bien les choses, il faut bien admettre que la démarche du criminel qui se livre à la police est tout de même plus heureuse, en définitive.

— Je comprends, se risqua l'homme.

— Bien entendu. Quand on expose les choses avec clarté, les gens comprennent bien mieux. Et cela serait même d'une simplicité confondante, s'il n'y avait pas ce délicat problème.

— Ah... et quel problème ?

— Eh bien, les imposteurs, voyons.

— Les imposteurs ? répéta l'homme avec un léger étonnement dans la voix.

— Oui, les imposteurs, ces gens qui s'accusent faussement d'un crime.

— J'ignorais le phénomène.

— C'est beaucoup plus fréquent qu'on le croit. En fait, il en existe deux catégories : il y a ceux qui se prétendent être l'auteur d'un crime réel. Ils en ont eu connaissance par les médias, la plupart du temps. Ce sont les plus fréquents, et aussi les plus faciles à identifier. Ce sont aussi ceux à qui l'on pardonne plus facilement. Bien souvent, ils ont besoin que l'on s'occupe d'eux ou souhaitent attirer l'attention. Il peut aussi s'agir d'une pathologie, bien connue, que l'on sait parfaitement reconnaître. Ils ne nous posent guère de difficulté. Nous les renvoyons chez eux, ou dans le pire des cas, nous prenons leur déposition et n'y donnons pas suite.

— …

— Et puis, il y a l'autre catégorie…

Le Commissaire abandonna sa contemplation vague du mur, puis porta à nouveau son regard sur l'homme, d'un mouvement parfaitement ajusté.

— Quelle est-elle ? demanda l'homme après un instant d'hésitation.

— Eh bien, celle des crimes fantasmés : ceux qui se prétendent auteur d'un crime qui n'existe pas. Ceux-là sont plus pervers et nous posent plus de problèmes, car ils sont en général mieux organisés. Il faut leur apporter plus d'attention. Il faut constituer un dossier, enquêter, mener les investigations nécessaires afin de vérifier la survenance effective du crime ou non. Ceux-là nous font perdre un temps infini. Et à titre tout à fait personnel, ce sont ceux que je ne pardonne pas...

— Ah et pourquoi ? interrogea l'homme sans hésiter cette fois.

— Voyez-vous, je ne tolère que l'usurpation partielle : se prétendre faussement l'auteur d'un crime passe encore, à condition que celui-ci soit bien réel. Ce que je trouve absolument insupportable, c'est l'usurpation totale : quand on se vante d'un crime qui n'existe pas. Pour un homme, comme moi, dont le meurtre est toute la vie, le crime imaginaire est un blasphème intolérable. C'est comme trouver une carte au trésor, partir à sa recherche et s'apercevoir au final que le trésor n'existe pas. Que ce n'était qu'une supercherie, un odieux canular.

— Je vois.

— C'est pourquoi il en a cuit à tous ceux qui se sont présentés à moi, nantis d'un meurtre va-poreux, n'existant que dans la brume inconsistante de leur esprit tourmenté. Comprenez-vous bien cher Monsieur ?

Le Commissaire prononça cette dernière phrase avec une insistance lourde de sous-entendus.

— Je comprends parfaitement Monsieur le Commissaire.

— Evidemment, si je vous dis cela, c'est à titre uniquement informatif. Car... ce n'est pas votre cas, n'est-ce pas ? ajouta le Commissaire sur un ton légèrement moins appuyé.

— Je vous assure que l'homicide dont je m'accuse est bien réel.

— A la bonne heure ! s'adoucit le Commissaire en accompagnant ses paroles d'un large sourire. Mais je le savais.

— Vous le saviez...

— Je l'ai vu dans vos yeux. Cela ne trompe pas. En tout cas, cela ne peut me tromper, moi ! Je sais saisir dans le regard d'un homme l'authenticité du criminel. Quand un homme en tue un autre, la noirceur de l'acte se loge au cœur du marais spongieux de sa cervelle et se diffuse insidieusement. Elle parcourt tous les canaux, se faufile, se propage, puis finit par remonter jusque dans le nerf optique et enfin, jaillit de la pupille du criminel. Un homme aussi aguerri que moi sait voir cela...!

— Alors vous voilà doublement rassuré Monsieur le Commissaire.

— Oui. Peut-être…

Le Commissaire passa ses doigts sur ses lèvres, songeur.

— L'Inspecteur Belain m'a dit que vous refusiez de préciser votre identité. Quelle drôle d'exigence… Pourquoi cela ?

— J'ai mes raisons Monsieur le Commissaire.

— Evidemment. Tout le monde a ses raisons, n'est-ce pas ?

— Certainement.

— Ce n'est pas pour cela qu'elles sont bonnes ou acceptables.

— Je vous assure que les miennes le sont, Monsieur le Commissaire.

— Que vous m'en assuriez, ou même, que vous en soyez persuadé n'y change rien, hélas.

— Est-ce si important ?

— Ça l'est.

— Je veux dire, est-ce si important de commencer par cette formalité ?

Le Commissaire Von Hartmann l'observa un instant.

— Que voulez-vous dire ? l'interrogea-t-il.

— Pour une raison que vous comprendrez parfaitement à l'issue de mon récit, il serait préférable que mon identité ne vous soit précisée qu'à ce moment là, c'est à dire, après vous avoir exposé mon crime.

Le Commissaire continua de le regarder, sans répondre.

L'homme reprit.

— Au fond, quelle différence cela fait-il pour vous ? Ce qui importe est que je vous avoue mon crime et vous en dévoile les circonstances. Si je ne vous révèle mon identité qu'en dernier lieu, quelle conséquence cela peut-il avoir ?

Le Commissaire réfléchit.

— D'un point de vue strictement formel, ce n'est pas si gênant. A ce stade de nos échanges, il n'y a encore rien de concret, au fond.

— Alors, où est le problème ?

— Disons, que le procédé... me contrarie.

— Autant que cela ?

— Oui.

— Mais qu'y a-t-il donc de si contrariant ?

— Vous savez qui je suis. Je ne sais pas qui vous êtes.

— Et alors ?

— Cela vous avantage.

— Vraiment ?

— Oui, d'une certaine manière. Mais ce n'est pas tout.

— Quoi ?

— Je trouve que ce n'est pas très... élégant.

— L'élégance ne fait pas partie de vos préceptes habituels, que je sache. Il se reprit ; enfin, c'est ce qui se dit.

— Certes, en principe, admit le Commissaire sans s'offenser de la remarque, mais aujourd'hui, c'est différent. Le plus grand jour de mon existence doit être drapé d'élégance, c'est le moins que je puisse concéder.

— Je vois. Pour autant, je me vois contraint d'insister ; c'est la seule condition que je pose à mes aveux complets. Vous m'en voyez désolé Monsieur le Commissaire.

Le Commissaire lui lança alors un regard indéchiffrable. Il se leva, fit le tour de son bureau, contourna le siège où avait pris place l'homme, semblant se diriger vers la porte, comme s'il s'apprêtait à l'ouvrir pour chasser l'homme qui le bravait. Puis, arrivant à proximité de celle-ci, il s'arrêta. Il attendit ainsi un instant, puis, comme s'il se ravisait, fit demi-tour et revint s'asseoir à son bureau.

— Très bien, dit-il. À la condition que vous me précisiez la raison pour laquelle vous teniez tant à avoir affaire à moi et à personne d'autre. C'est donnant-donnant.

— Je vous remercie pour votre compréhension Monsieur le Commissaire, commença l'homme. Si je tenais à avoir affaire à vous, c'est que je considère que vous êtes le seul à pouvoir aborder une telle affaire.

— C'est très flatteur, mais pourquoi cela ?

— En raison de la nature même du crime que j'ai à vous révéler.

— Et qu'a-t-il de si singulier, votre crime ?

— Il est exceptionnel.

— Soit, mais à quel titre ? s'impatienta le Commissaire.

— A plusieurs titres.

— Commencez donc par le premier.

— Un instant.

— Je vous trouve tout de même bien peu loquace, pour quelqu'un se montrant si appliqué à venir confesser son crime.

— C'est que je suis quelque peu… disons, impressionné.

— Impressionné ? Tiens donc. Vous ne devriez pas. Je suis moins terrible qu'on veut bien le dire.

— Justement, ce qu'on dit est tellement surprenant.

— Ah ? Et qu'avez-vous donc entendu à mon sujet ?

Semblant soudain confus, l'homme hésita.

— Eh bien, dites, n'ayez pas peur, l'encouragea Von Hartmann. Je vous promets que ce que vous direz ne sera pas retenu comme circonstance aggravante, s'amusa-t-il.

— Soit, comme vous voudrez… On dit que vous seriez… tyrannique. Mais je suis sûr que c'est exagéré, ajouta-t-il, ostensiblement gêné.

Le Commissaire sourit.

— Mais non, c'est parfaitement exact, je suis maladivement tyrannique. Mais cela n'a rien d'extraordinaire. Beaucoup de gens sont tyranniques. Ils ne l'assument pas, voilà tout. Moi je l'assume. Dans mon métier, il est bien plus aisé d'obtenir ce que l'on veut par l'autorité et la contrainte, plutôt que par la douceur ou la finesse. Bien, voilà un point éclairci. Et que dit-on d'autre ?

L'homme hésita à nouveau

— Allez ! insista le Commissaire, vous voyez bien que cela ne m'offusque pas. Cela m'amuse d'entendre ce que les gens pensent de moi.

— Pourquoi cela ?

— Car je m'en moque. Je ne suis pas du genre à me soucier de mon image. Tout le monde est si sensible à l'appréciation des autres.

— Et vous, cela vous indiffère ?

— Totalement ! Vous n'imaginez pas à quel point il est plaisant de connaître tout le mal qu'il est dit sur soi et de s'en moquer.

— Non, je n'imagine pas.

— Et pourtant, quel plaisir délectable ! Quel sentiment de puissance ! Le jugement des autres, c'est la prison de l'âme. En rejetant la bienséance, j'ai hérité de la plus formidable des libertés. Plus je suis détestable, plus les gens me dénigrent. Plus je m'en moque, et plus ma liberté est grande… Allez, continuez !

Rassuré autant qu'encouragé, l'homme reprit :

— Eh bien, on dit aussi de vous que vous seriez… hypocrite.

— Hypocrite ? Mais bien sûr que je suis hypocrite ! Quelle admirable qualité que l'hypocrisie. Il ne faut pas en avoir honte. Il est si commun de présenter son véritable caractère, d'affirmer ses véritables opinions, d'avouer ses vrais sentiments. Moi, je triche, je dissimule, je travestis, je joue, j'invente, bref, je crée. L'hypocrisie est un art authentique, Monsieur, une comédie pure et subtile. Ceux qui se disent acteurs ne sont que des piétineurs de planches, des amuseurs de foules dociles. La scène de théâtre n'est qu'une mascarade, un simulacre fat. Ces spectateurs fades à qui ces cabotins s'exposent, et que l'on nomme pompeusement le public, ne demandent qu'à être bernés. Au mieux, ce sont des observateurs subissants. Si l'acteur joue mal, il n'y a pas de conséquence, le spectateur s'amusera moins ou s'attristera peu. Il repartira déçu de ne pas avoir été mystifié autant qu'il l'aurait souhaité. Au pire se scandalisera-t-il de s'être vu livré une pantalonnade burlesque. Et cela s'arrêtera là.

Pour l'hypocrite, la scène, c'est la vie. La vraie. L'hypocrisie, telle que je la pratique, avec talent, est un jeu authentique. Elle consiste à se glisser dans la peau d'un personnage qui doit paraître parfaitement réel. La perfection est de mise, ou l'hypocrite est immédiatement confondu. Je chéris l'hypocrisie. Mieux : je la vénère. Je l'érige en vertu supérieure. Elle est l'apanage admirable de l'homme pour dominer ses semblables. Aucune autre espèce vivante ne possède d'aussi belles aptitudes.

— Il n'y a pas que l'homme qui soit capable de cette ruse, si je peux me permettre. L'animal pratique cet art avec un certain talent.

— Vous voulez parler du mimétisme ? Cette banale et médiocre façon de ressembler à autre chose : de vulgaires gadgets chromatiques. De l'amateurisme. Quand le caméléon imite, l'homme se transforme. L'hypocrisie elle, est un talent subtil. Il ne s'agit pas de ressembler à ce que l'on n'est pas pour échapper à un prédateur ou pour attraper sa proie. Non, l'homme, tout en gardant son apparence intacte, parvient à faire croire qu'il est quelqu'un d'autre. C'est infiniment plus délicat, plus ingénieux : il camoufle ses faiblesses et exagère ses forces, exalte frauduleusement des talents qu'il ne possède pas. L'hypocrisie est l'arme sublime du prédateur urbain. Le monde évolue : on ne combat plus avec ses dents ou ses muscles pour arriver au pouvoir. On se bat avec la ruse : il faut amadouer, filouter, user d'artifices, il faut savoir être sournois et perfide, il faut user de duplicité, de roublardise, de fourberie. Voilà toutes les cordes à l'arc de l'hypocrite, dont la puissance et l'efficacité lui permettent de régner aujourd'hui en maître, là où la force a été neutralisée.

Le Commissaire, qui s'était fortement enflammé sur le sujet, s'apaisa, puis plus doux, reprit :

— Alors, qu'avez-vous entendu d'autre à mon sujet ? Je sais qu'il y a tant de choses qui sont dites. On parle tellement de moi. Ce jour est un grand jour pour moi, alors je suis de bonne humeur.

C'est un moment adéquat pour m'informer. Profitez-en. Il n'est pas si fréquent que j'entrebâille la porte à la conversation. Qu'avez-vous entendu d'autre ?

— Puisque vous insistez...

— J'écoute... dit-il, enjoué, en l'invitant d'un geste souple de sa main généreusement ouverte et dirigée vers lui, paume vers le haut, à poursuivre sans retenue.

— Vous avez également la réputation d'être un stratège machiavélique, poursuivit donc l'homme, encouragé.

— Un stratège machiavélique... répéta Le Commissaire avec légèreté. Quel admirable qualificatif. Cela ressemble à s'y méprendre à une redondance. Pourtant, à y regarder de près, les termes me semblent bien spécifiques et d'une flatteuse originalité. On connaît tant de stratèges célèbres que c'en est devenu tristement commun. Eculé. Tout autant qu'il existe de personnages machiavéliques. Vulgaire de banalité. Mais des stratèges machiavéliques, il faut bien admettre que c'est plus rare, plus admirable, tellement plus subtile. Je serais donc aux yeux du monde une sorte de manœuvrier rusé et perfide. Splendide ! Qu'en pensez-vous ?

— Je ne saurais dire.

— Evidemment, vous ne me connaissez pas, au fond. Vous ne faites que rapporter des échos de personnes, qui elles, me connaissent peut-être mieux. Ou peut-être pas. On ne sait jamais vraiment comment naissent les réputations… Mais assez tergiversé. Reprenons. Vous vous apprêtiez à m'expliquer en quoi votre crime était exceptionnel. Je vous écoute.

L'homme se réajusta sur sa chaise, sembla chercher ses mots, puis annonça :
— Il est prémédité.
— Prémédité, répéta le Commissaire. Intéressant. C'est un élément aggravant, qui le place d'emblée parmi les crimes les plus graves. Toutefois, cela n'en fait pas forcément un crime *exceptionnel*. De nombreux homicides ont été commis avec préméditation, sans avoir été exceptionnels pour autant, exposa le Commissaire en relevant ses fins sourcils d'un air peu convaincu.

— Il a été fomenté pendant près de dix ans, ajouta alors l'homme, avec défi. Dix longues années durant lesquelles ce crime a été mûri patiemment, préparé minutieusement, jusqu'au jour fatidique tant attendu où il allait enfin pouvoir être perpétré, comme une délivrance…

Le Commissaire le dévisagea alors. Longuement. Avec un intérêt appuyé. Comme s'il venait là de toucher un point sensible.

— Pendant dix ans, dites-vous. Voilà qui est déjà nettement moins commun.

— Je vous l'avais dit.

— Je dois bien admettre que là, vous commencez à m'intriguer. Quel mobile a bien pu vous pousser à mijoter votre forfait pendant aussi longtemps ?... Laissez-moi deviner... Une vengeance ? Non, cela me paraît bien trop long. On n'attend pas aussi longtemps pour se venger. La vengeance se consomme avec avidité et impatience. Elle relève de pulsions violentes, et l'exécution intervient au plus vite. Il n'y a que dans les scénarios de films de cinéma où l'on trouve des histoires de vengeances froides mûries pendant une éternité : de la pure fiction... L'amour ? L'amour est évidemment un grand classique du crime prémédité... Pourtant, si cela vaut pour les femmes, qui mûrissent toujours patiemment leur vengeance amoureuse, cela est beaucoup moins vrai pour l'homme, qui agit en général sous l'emprise d'une colère incontrôlée. L'impulsion rageuse et immédiate est toujours de mise, pour le mâle tuant par amour...

Le Commissaire porta alors sa main gauche à son visage et de son index, se massa légèrement la tempe. Il sembla se perdre un instant dans une profonde réflexion.

— ... ou une oppression tyrannique, durant une longue période, nourrie d'actes répétés et pernicieux. Cela pourrait justifier une telle vengeance... Evidemment, on peut aussi penser à la convoitise d'un héritage opportun, ou l'appât d'une assurance-vie chèrement souscrite, à la prime de décès indécente…

Soudain, le visage du Commissaire s'embruma, puis il s'exclama :

— Bien, assez discuté ! Comme vous le savez, une cérémonie importante m'attend cet après-midi. Nous allons devoir conclure. Commencez donc par me donner l'identité de la victime, puisque vous me faites le caprice de ne vouloir révéler la vôtre qu'à l'issue de votre récit.

— J'ai bien peur que ce ne soit pas aussi simple que cela, Monsieur le Commissaire.

— Eh bien quoi, qu'y a-t-il encore ?

— C'est que… comment vous expliquer…

Le Commissaire s'énerva :

— Vous n'allez pas me dire que vous ne pouvez pas non plus me préciser l'identité de la victime…!

— …

— Ecoutez, je me suis montré avec vous d'une inédite amabilité, qui, d'ailleurs, me surprend moi-même. J'espère que vous en avez conscience ?

— Je vous crois, Monsieur le Commissaire.

— Vous ne voudriez pas me le faire regretter ?

— Non, Monsieur le Commissaire.

— Bien. Je vous préviens donc aimablement que cette histoire commence à m'indisposer. Vous ne souhaitez pas me fâcher, n'est-ce pas ?

— Bien sûr que non, Monsieur le Commissaire.

— Parfait. Alors, avançons. Tout cela a bien assez duré. Qui avez-vous donc tué…?

Ennuyé, l'homme chercha ses mots.

— Comme je vous le disais, Monsieur le Commissaire, c'est un peu compliqué.

— Mais, bon sang, qu'y a-t-il donc de si compliqué ? Vous n'avez pas assassiné le Pape, que je sache…!

— …non évidemment. L'homme marqua une pause. Pour tout dire, la difficulté tient plus du fait que mon affaire est très délicate à exposer, Monsieur le Commissaire.

Exaspéré, le Commissaire empoigna alors un presse-papier – c'était une tête de cheval en bronze poli – qui se tenait à portée, l'agita nerveusement en direction de l'homme, et le reposa bruyamment sur son bureau. Puis, semblant réaliser un effort intérieur considérable pour contenir son empressement, reprit d'un ton faussement calme, qui ferait penser aux premiers instants du décollage d'une fusée, quand les réacteurs s'enflamment en rugissant, mais que l'engin paraît être immobilisé au sol.

— Vous vous présentez pour avouer un crime, mais vous commencez par refuser de dire qui vous êtes. Maintenant, vous rechigniez à me dire qui vous auriez assassiné. Tout cela prend une tournure que je n'apprécie nullement, sachez-le. J'ai fait preuve à votre égard d'une exceptionnelle patience, que peu ont eu l'honneur de connaître, je peux vous l'assurer. Un crime sans auteur ni victime, ce n'est plus un crime. Alors, voulez-vous bien vous décider, une bonne fois pour toutes ! tempêta-t-il avec force et rougeur.

L'homme ne répondit pas.

— Ce silence signifie-t-il que vous m'avez fait perdre mon temps ?
— Vous ne perdez pas votre temps, Monsieur le Commissaire, je vous l'assure.
— Alors, je vous écoute. Vos aveux ! hurla le Commissaire.

L'homme se redressa sur sa chaise, se racla légèrement la gorge, puis annonça :

— C'est un crime passionnel.
— Passionnel ! Avec dix années de préméditation ! Vous vous moquez de moi ?

— Ce fut une passion d'un ordre exceptionnel.

Le Commissaire reprit péniblement son calme :

— Tout de même, dix ans, pour un crime passionnel prémédité, c'est long.

— Pas pour une telle passion.

— Et pourquoi cela ? Qu'a-t-elle eu de si extraordinaire, cette passion ?

Nouveau silence.

Le Commissaire exulta à nouveau :

— Alors, cela aussi, ce doit être gardé secret ! Mais enfin, avez-vous conscience de votre inconscience ? Avez-vous la moindre petite idée de qui je suis et de ce dont je suis capable ? Vous vous présentez à moi, en affirmant avoir commis un crime exceptionnel et quand j'interroge, rien ne sort. On tergiverse, on se défile, on se tait ! Savez-vous ce qui se passera si vous ne dites rien ? hurla-t-il.

— Non, répondit l'homme, sans se défaire.

— Il vaut mieux que vous ne le sachiez pas.

— Pourquoi cela ?

— Cela vous effraierait au dernier degré.

99

— Cela m'étonnerait, risqua l'homme soudain plus assuré.

— Vous croyez cela ?

— Oui.

— Et qu'est-ce qui vous en rend si sûr, détestable prétentieux…?

— Rien ne me fait vraiment peur, affirma l'homme.

— C'est que vous n'avez pas idée de qui je suis !

— Et qui êtes vous donc ? brava l'homme, d'un ton de défiance insensé.

Surpris, le Commissaire hésita.

— Je suis le Commissaire Andreï Von Hartmann, lança-t-il avec le plus d'emphase dont il était capable, accompagnant sa puissante proclamation d'un jet profus de postillons, dont la plupart crépirent son bureau laqué, mais dont l'un, plus imposant et audacieux que les autres, vint s'écraser fièrement sur le nez de l'homme.

Le projectile, sa trajectoire curieusement courbe et sa destination improbable n'échappèrent pas aux deux hommes, dont l'incongruité inattendue décontenança le Commissaire.

L'homme, ignorant quant à lui le projectile, l'harangua de plus belle :

— Et alors ?

— Quoi, et alors ?

— Et alors, en quoi êtes-vous si effrayant ?

— Mais Monsieur, mon nom seul provoque déjà l'affolement. Mon nom fait trembler tous les esprits. Seuls les fous et les sots ne sont pas transis à la seule évocation de mon nom. Alors, ma présence, pensez !

— Non, vraiment

— Quoi, non ?

— Je ne suis pas effrayé.

Incrédule, le Commissaire considéra l'homme et le postillon solitaire qui était toujours fiché, intact et impassible, sur le bout de son nez.

Déstabilisé, le Commissaire ne sut quoi répondre sur l'instant. L'homme reprit la parole :

— Pour quelle raison pensez-vous que je devrais être effrayé, Monsieur le Commissaire ? insista l'homme, tout en le toisant d'un regard insolent.

Le Commissaire, pâlissant, se troubla. On ne lui avait encore jamais posé la question si directement. Il chercha une réponse. Rien ne vint. Habituellement, les gens étaient terrifiés à son approche, c'était tout. Il n'avait rien à faire pour cela, ni donc, à s'interroger inutilement. Pourtant, maintenant qu'on lui posait la question, il ne savait y répondre.

— Vous le devriez, c'est tout, rétorqua-t-il, hautain et crâne.

— Pourtant, je vous assure, je ne le suis pas. De toute façon, vous n'avez rien de monstrueux, en définitive, asséna l'homme.

Ebranlé, le Commissaire se prit de tremblements, d'abord imperceptibles, puis plus nets. Il s'en aperçut et son interlocuteur aussi.

— Alors, je ne vous effraie pas…? souffla le Commissaire, touché.
— Non.
— Pas du tout ?
— Pas du tout.
— Un frisson d'angoisse, peut-être ?
— Non plus.
— Une ondée d'appréhension ?
— Non.
— Un frémissement d'inquiétude ?
— Non, rien.

Le Commissaire, touché au cœur, s'assombrit soudain. Ses traits s'allongèrent, ses yeux se plissèrent tristement, sa chevelure se ternit, son corps tout entier sembla s'atrophier. Le Commissaire paraissait être devenu l'ombre de lui-même.

— Comment faites-vous ? gémit-il alors.

— Je ne sais pas

— Et en plus, vous ne le faites pas exprès... se lamenta-t-il.

— Je suis désolé.

Le Commissaire haussa les épaules, d'une manière de dire que cela ne changeait rien.

— Je ne comprends pas. Habituellement, tout le monde a peur de moi, souffla-t-il, défait.

— Tout le monde ?

— Oui, absolument tout le monde. Toujours, sans exception. C'est comme ça, j'épouvante.

— C'est abominable.

— Non, c'est reposant... et rassurant.

— Pourquoi cela ?

— Effrayer, c'est anesthésier, c'est neutraliser, c'est stériliser. Un homme qui a peur est un homme contrôlé, soumis, ébranlé au point d'en devenir inoffensif... Mais, je ne sais pas pourquoi je vous dit tout ça. Je n'aurais jamais dû accepter de vous recevoir... Je le savais pourtant. J'en avais eu l'intuition... Je vais appeler l'Inspecteur Belain. Il s'occupera de vous. Vous lui ferez vos aveux. Malgré ses airs stupides, c'est un bon policier.

— Vous ne pouvez pas faire ça.

— Et pourquoi cela ?

— Ce serait vous déconsidérer Commissaire.

— Comment-cela, me déconsidérer ?

— Vous allez permettre à l'Inspecteur Belain de réaliser ce que vous auriez été incapable d'obtenir par vous même : des aveux en bonne et due forme d'un crime affreux qui fera demain la Une des journaux ?

Le Commissaire, réalisant la pertinence de l'argument, se crispa à nouveau :

— Mais, au fond qu'est-ce qui me garantit que vous avez bien commis le crime que vous prétendez ? riposta-t-il, comme s'il cherchait une échappatoire.

— Vous-même.

— Pardon ?

— Oui, vous en avez vous-même acquis la certitude. Souvenez-vous, vous l'avez vu dans mes yeux.

— C'est vrai. Mais si je m'étais trompé…

— C'est impossible.

— Pourquoi cela ?

— Vous ne vous êtes jamais trompé.

— Il faut bien une première fois.

— Pas pour vous.

— Et pourquoi pas pour moi ?

— Parce que vous êtes le Commissaire Von Hartmann, assurément le plus grand policier de ce siècle.

Le Commissaire, flatté sans pour autant percevoir la flagornerie dans le propos, se ragaillardit quelque peu.

— Croyez-vous que cela me mette à l'abri d'une erreur ?

— Certainement.

— Comment pouvez-vous en être si sûr ? Il n'y a jamais eu d'homme capable d'échapper à une erreur. Même les plus grands, Alexandre le Grand, Napoléon Bonaparte, Albert Einstein, Christophe Colomb, tous se sont trompés un jour. Voilà, c'est mon tour. J'ai toujours su que ça arriverait.

— Ces hommes n'étaient pas si brillants que vous.

— C'est donc cela, vous êtes un fou. C'est bien ma chance. Un jour comme aujourd'hui. Tomber sur un fou !

— Rassurez-vous, je ne suis pas fou.

— C'est vrai, vous n'en avez pas l'air.

— Vous voyez.

D'abord rassuré, le Commissaire s'inquiéta à nouveau :

— Que vous n'en n'ayez pas l'air ne veut pas dire que vous ne l'êtes pas. Il est tant de fous aux airs sensés et intelligents.

— C'est vrai.

— Voilà, vous en convenez : vous êtes fou !

— Je n'ai pas dit cela.

— Cela revient au même. Les fous n'admettent jamais qu'ils le sont, de toute façon.

— Oui, c'est dommage.

— Je vous l'accorde, cela nous faciliterait la tâche.

— Avec cela, je suis d'accord, ajouta l'homme plus bas, pour lui-même.

Le Commissaire s'était affaissé dans son fauteuil, le regard bas, les lèvres molles, les mains pendantes. Quelques instants passèrent en silence, puis après un moment, semblant reprendre vie, il se redressa, plus fier :

— Et si vous m'avouiez-tout finalement ?
— Quoi donc ?
— Eh bien, votre crime. Au fond, rien ne vous en empêche.

L'homme le considéra.

— Je ne suis plus sûr.
— Comment cela, vous n'êtes plus sûr ! Vous n'êtes plus sûr d'avoir commis un crime ?
— Non, je ne suis plus sûr de pouvoir vous l'avouer.
— Et pourquoi donc ?
— Vous n'êtes peut-être pas l'homme qu'il me faut, finalement.
— Mais que dites-vous ! Et pourquoi cela ?

— Il me semble avoir perçu en vous une faiblesse.

— Une faiblesse ? Mais pas du tout, voyons. Ce n'était rien. Juste un très bref moment de doute. C'est effacé. Je vous assure. Faisons comme si rien de tout cela ne s'était produit. Vous me racontez votre crime et je prends votre déposition sans la discuter. Vous serez placé en garde à vue et tout sera réglé. Vous n'aurez plus qu'à être jugé puis écroué. Tout se passera bien. Je vous le promets.

— Ce n'est pas aussi simple que cela.

— Mais pourquoi donc ? Ne soyez pas si tatillon.

— Non, vraiment, tout cela me gêne.

— Dites-moi donc ce qui vous préoccupe tant.

— Non, ça ne sert à rien.

— Pourquoi cela ?

— Vous n'allez pas comprendre.

— Mais si. Dites-moi.

L'homme considéra le Commissaire un bon moment, s'orna d'une petite moue de résignation puis précisa :

— Vous n'êtes pas aussi terrible que je le pensais.

Le Commissaire s'effara :

— Pas aussi terrible ?

— Non.

— Mais qu'est-ce qui vous fait dire ça ?

— J'ai perçu en vous une éclaircie de bonté.

— Une éclaircie de bonté ? Quelle horreur ! Mais comment avez-vous pu voir une chose pareille ?

— Difficile à dire, c'était comme une lueur douce. Infime, mais perceptible.

— C'est impossible. Je suis l'homme le plus sombre que je connaisse.

— Pourtant, j'ai vu une faille.

— Vous vous trompez. Et quand bien même, en quoi cette prétendue éclaircie de bonté gênerait-elle nos affaires ?

— Pour affronter un crime aussi noir, il faut être soi-même ténébreux, Commissaire.

— Ténébreux ? répéta le Commissaire avec rondeur. Mais ténébreux, je le suis, affirma-t-il.

— Pas assez, répliqua l'homme, sentencieux.

— Mais à quel point faut-il être ténébreux, selon vous ?

— Il faut incarner le mal, dans ce qu'il est de plus abominable.

— C'est moi ! exulta-t-il, triomphant.

— C'est vous qui le dites.

— Non, ce n'est pas moi.

— Qui, alors ?

— Les femmes que j'ai épousées.

— ...

— N'est-ce pas suffisant ?

— Eventuellement, s'il y en a eu assez.

— Cinq, s'enthousiasma le Commissaire

— Cinq ?

— Oui, cinq femmes belles, grandes et intelligentes.

— C'est peu, conclut l'homme.

Déçu, le Commissaire justifia :

— Mais elles m'ont toutes quitté. Chacune plus marquée, mortifiée, meurtrie que la précédente.

— Mmm...

— Et deux d'entre d'elles se sont suicidées, ajouta-t-il avec fierté.

— C'est un début, mais ce n'est toujours pas suffisant, j'en ai peur.

— Que vous faut-il d'autre ?

— Il me faudrait d'autres témoignages. Des témoignages accablants.

— Certainement. Laissez-moi réfléchir.

— Prenez votre temps.

Le Commissaire, après quelques instants de réflexion agitée, s'enthousiasma :

— C'est très facile : la brigade regorge de témoins qui vous confirmeront mon abjection.

— Ici même ? s'étonna l'homme, curieux.

— Bien sûr.

— Vous pensez vraiment qu'ils oseront ?

— Oui, affirma le Commissaire, confiant.
Puis après une seconde, il s'égaya : l'Inspecteur Le
Bourdon ! Oui, l'Inspecteur Le Bourdon. Lui, saura
vous dire comme je suis abominable !

— Soit. Essayons. Après tout, qu'avons-
nous à perdre…

L'instant suivant, le Commissaire s'empara
du combiné éprouvé de son téléphone, invectiva,
puis raccrocha avec tonicité. Le tout ne dura pas
plus de dix-secondes.

Il fallut moins de temps encore pour qu'un
frottement mou et apeuré se fasse entendre à la
porte de son bureau.

« Entrez, chanta le Commissaire. »

Une boule haletante, suintante et musquée entra. Elle portait une chemise bleue bicolore. Un bleu foncé au niveau des flancs, suivant une forme ovoïde spectaculaire courant des aisselles jusqu'aux hanches. Un bleu ciel d'été pour le reste de la surface, tendue nerveusement sur le devant au moyen de petits boutons blancs tremblotants. La boule referma la porte derrière elle, puis se glissa avec lenteur plus avant.

— Venez donc vous asseoir, Inspecteur Le Bourdon, l'invita chaleureusement le Commissaire, tout en désignant d'un geste aimable le siège situé à côté de l'homme.

La boule s'avança, se positionna avec précaution devant le fauteuil, ajusta sa position, puis se laissa couler grassement sur le siège, lequel s'affaissa avec humeur, se plia, grinça, sembla gémir même, mais ne rompit pas.

Dès que l'Inspecteur fut stabilisé, le Commissaire poursuivit :

— Inspecteur Le Bourdon, je vous présente… Le Commissaire se souvint cruellement qu'il ne connaissait toujours pas l'identité de son mystérieux interlocuteur. Enfin passons les présentations… Inspecteur, si je vous ai demandé de venir, c'est pour une bonne raison…!

La boule était surplombée d'une grosse tête sur laquelle était implantée sur le dessus une rangée de cheveux drus, parfaitement alignés, tant dans leur hauteur que dans leur largeur, faisant penser à une superbe brosse à reluire à poils noirs. De petits yeux gris et étonnés étaient emboités dans deux cavités trop grandes, situées de part et d'autre d'un nez rouge, large et plat, lui même posé en équilibre sur une foisonnante et grasse moustache, fraichement peignée.

La bouche pourpre et boudineuse de l'Inspecteur Le Bourdon se déforma avec raideur :

— Très bien, Monsieur le Commissaire, zézaya-t-il. L'Inspecteur Le Bourdon avait en

effet quelques difficultés d'articulation, qui lui va-
laient constamment les sarcasmes mauvais du
Commissaire.

— Le Bourdon, reprit le Commissaire
avec douceur, vous savez à quel point j'apprécie
votre travail.

— Euh… non Monsieur le Commissaire.

— Comment cela, non ?

— Je veux dire, vous ne me l'avez jamais
dit, Monsieur le Commissaire.

— Ah… Eh bien, c'est l'occasion. Je vous
le dis : vous êtes un très bon inspecteur, Le Bourdon, et même, un excellent inspecteur, j'ajouterai.
Si, si, ne soyez pas si modeste.

— Merci beaucoup Monsieur le Commissaire, je suis très honoré.

— Tant mieux. Inspecteur Le Bourdon,
j'ai une demande très particulière à vous faire.

— Oui, Monsieur le Commissaire, je vous
écoute.

— Voilà, j'aimerais que vous disiez, en
toute franchise, à ce Monsieur, ce que vous pensez
de moi…

— …

Les yeux de l'Inspecteur passèrent de
l'étonnement mou à l'ébahissement flasque.

Il jeta un regard perdu à l'homme qui
se tenait assis à sa gauche, l'observa un instant,
comme s'il cherchait un témoin impartial qui pourrait lui confirmer qu'il avait bien compris ce qu'il

venait d'entendre. Réalisant que cet inconnu ne lui serait d'aucun secours, son regard éperdu revint se risquer vers celui du Commissaire, qui l'observait avec une curieuse et invraisemblable bienveillance.

En cet instant délicat, l'Inspecteur Le Bourdon aurait voulu être ailleurs. N'importe où, mais ailleurs : renvoyé au Moyen-âge, en prise avec un chevalier haut, large, lourdement armuré et brandissant avec férocité une hallebarde longue et affutée ; pourchassé au sommet d'un alpage abrupt par un mouflon enragé et écumant ; mitonnant dans une marmite encerclée de pygmées nains, nus, cannibales et affamés. Bref, n'importe où, mais ailleurs.

— Eh bien, allez-y Inspecteur, l'encouragea mielleusement le Commissaire.

— … Je pense que vous êtes un très bon Commissaire, Monsieur le Commissaire, bredouilla l'Inspecteur Le Bourdon.

Le Commissaire sourit avec ampleur, marmonna quelque chose d'inaudible puis insista :

— Le Bourdon… je ne vous demande pas de nous dire ce que tout le monde sait. Je vous demande de nous dire ce que vous pensez de moi. C'est très différent. Vous comprenez ?

— Oui, enfin… non, Monsieur le Commissaire.

A ce moment là, un petit floc sec se fit entendre au niveau de l'entre-jambe de l'Inspecteur

: une goutte de sueur venait de s'écraser avec lourdeur sur la toile de son pantalon. L'échantillon liquide s'était échappé de son front plissé et inondé.

Le Commissaire grimaça.

— Enfin, Le Bourdon, faites quelque chose. Vous suez !

L'Inspecteur Le Bourdon sembla chercher ses mains, qu'il retrouva perdues, molles, moites et pendantes, de part et d'autre des accoudoirs du fauteuil, comme si elles avaient vainement cherché à s'évader de ce corps maudit, condamné à subir le joug du Commissaire. Il en désigna une pour se porter à la recherche d'un éventuel mouchoir pouvant se trouver dans l'une des poches de son pantalon. Il fouilla nerveusement, souffla, sua de plus belle, mais ne trouva rien.

Pendant ce temps, le Commissaire grommelait.

Soudain, la main élégante de l'inconnu, comme surgie de nulle-part, drapée d'un linge blanc, s'interposa et accapara le regard de l'Inspecteur, dont le soulagement commanda aussitôt à sa main fourrageante d'abandonner sa quête pour se saisir promptement de l'étoffe salvatrice qui lui était si généreusement tendue.

L'Inspecteur s'en saisit, balbutia un remerciement, épongea nerveusement les surfaces ruisselantes de sa face inondée, puis considéra la transformation peu valeureuse du carré de tissu souillé, réalisant qu'il ne pouvait le restituer à son propriétaire en l'état.

Comprenant le désarroi de l'Inspecteur, le propriétaire de l'étoffe copieusement imbibée le pria gracieusement de la conserver.

L'opération d'assèchement terminée, le Commissaire revint à la charge et expliqua avec une pédagogie appuyée à l'Inspecteur ce qu'il attendait vraiment de lui : un témoignage sincère et intime, une opinion personnelle, un avis authentique, un récit profond, bref, le fond véritable de sa pensée.

L'Inspecteur Le Bourdon réfléchit longuement : ses yeux hagards ricochèrent à plusieurs reprises dans leurs orbites, ses lèvres se contorsionnèrent dans un entremêlement de bourrelets roses chahutés, ses phalanges craquèrent sévèrement sous la pression d'étreintes et de contorsions nerveusement assénées.

Un moment - long - plus tard, l'Inspecteur cessa son introspection, s'immobilisa peu à peu, puis annonça :

— Je pense que vous êtes un excellent Commissaire, Monsieur le Commissaire.

Le Commissaire le dévisagea un instant, le temps de réaliser qu'il n'obtiendrait rien de

mieux de la part de ce pleutre, puis le chassa vertement.

Une fois l'Inspecteur sorti, le Commissaire maugréa, puis ses dents inférieures rognant
nerveusement ses lèvres supérieures, se tourna,
vexé, vers l'homme.

— Je ne comprends pas... Pourtant,
Le Bourdon me déteste. Il aurait du s'épancher,
s'excusa-t-il.

— Si ceux qui vous détestent disent
du bien de vous, vous feriez peut-être mieux
d'interroger ceux qui vous apprécient, suggéra
l'homme. Si tant est que vous puissiez en trouver
un...

A ces mots qui furent fredonnés telle
une mélodie de réconfort, le visage du Commissaire
s'éclaircit :

— Bien sûr, vous avez raison.

Puis, une seconde plus tard, il
s'enhardit et s'exalta :

— Heurtevau. Lui m'apprécie. Il saura dire du mal de moi !

Moins d'une minute plus tard,
l'Inspecteur Heurtevau se trouvait à la place de Le
Bourdon, droit, attentif, déterminé.

Veste épaisse en cuir marron, blue-jean moulant rempli à rompre, ceinture brune à boucle d'argent parée d'une tête d'aigle au regard perçant, des muscles à en faire tourner la tête, un buste qui n'en finissait pas, l'Inspecteur Heurtevau en imposait.

Le Commissaire répéta son discours, qu'il accompagna d'encouragements encore plus appuyés, exprimés d'une voix encore plus enjouée, le visage habillé de grimaces aimables encore plus exagérées.

L'Inspecteur se redressa sur son fauteuil. Sa pomme d'Adam, proéminente, réalisa un mouvement bref et tonique de haut en bas. Il releva le menton qu'il avait carré et bombé. Ses mâchoires larges et fortes frémirent. Son front massif se plissa en vibrant. Son regard scruta le Commissaire avec énergie.

— Pardonnez-moi, Monsieur le Commissaire, mais avec tout le respect que je vous dois, je ne comprends pas très bien ce que vous attendez de moi.

— Ça ne fait rien, contentez-vous de répondre.

— C'est que, Monsieur le Commissaire, si je comprenais mieux, je pourrais mieux obéir à vos attentes.

— Ne vous posez donc pas tant de questions, Heurtevau, dites ce qui vous vient à l'esprit, spontanément, ce sera très bien.

— Monsieur le Commissaire, avec tout le respect que je vous dois, je vous trouve efficace, ferme et droit.

Le Commissaire apprécia.

— Bien, Heurtevau, je vous remercie, mais je voudrais que vous soyez plus direct, plus frontal, plus profond. Dites-moi vraiment, le fond de votre pensée. Vous pouvez faire cela pour moi Heurtevau ?

— Affirmatif, Monsieur le Commissaire.

L'Inspecteur réfléchit un instant, puis furtif :

— Monsieur le Commissaire est… beau.

Surpris, le Commissaire se reprit :

— J'aimerais que vous évoquiez maintenant des choses moins positives, si vous voulez-bien.

— Moins positives ?

— Oui, moins reluisantes, moins favorables.

— … C'est difficile, Monsieur le Commissaire.

— Oui, je sais, mais essayez. Allez-y, n'ayez pas peur d'être désagréable, cela me fera plaisir.

L'Inspecteur réfléchit à nouveau un moment, puis hésita :

— Monsieur le Commissaire est légèrement... enrobé.

— Heurtevau..., j'aimerais que vous vous écartiez un peu de mon physique, voulez-vous. Ce que j'attends, c'est que vous évoquiez plutôt mon caractère, ma personnalité, Vous voyez ?

L'Inspecteur acquiesça, puis s'immergea dans une nouvelle ondée de réflexion.

Un silence pesant s'installa.

Le Commissaire s'inquiéta :

— Eh bien, Inspecteur, nous vous écoutons...

L'Inspecteur transpirait désormais. Une fine couche humide s'était développée au dessus de sa lèvre supérieure.

L'Inspecteur ne répondait toujours pas, muselé.

— Qu'y a-t-il donc, Inspecteur ? s'impatienta le Commissaire. Parlez enfin !

— C'est que, Monsieur le Commissaire, trembla l'Inspecteur, avec tout le respect que je vous dois... je vous trouve...

— Oui, quoi ?

— ...parfait.

Un instant plus tard, l'Inspecteur Heurtevau était congédié et le Commissaire mortifié.

L'homme, qui avait observé la scène avec l'attention rigide d'un juge-arbitre de patinage artistique, fit remarquer :

— Cet homme semble avoir une estime infinie pour vous Commissaire et un immense respect. C'est admirable... mais cela n'arrange pas nos affaires.

— Justement, je ne comprends pas, fit le Commissaire, l'Inspecteur Heurtevau me craint moins que les autres, je le sais. Il aurait du vous dire lui, que je suis ignoble. D'ailleurs, c'est le seul que je ne maltraite pas.

— Pourquoi cela ?

— Je ne sais pas... tout ces muscles...

— Alors vous devriez peut-être interroger quelqu'un qui vous apprécie mais que vous avez toujours maltraité.

— Mais bien sûr, s'éclaira à nouveau le Commissaire... puis après une seconde de réflexion, s'exclama avec ferveur :

— L'Inspecteur Ballerine !

— L'Inspecteur Ballerine ? Soit, mais pourquoi lui ?

— On dit qu'il m'admire et je n'ai jamais dit que du mal de lui. Il sera parfait !

— Allons pour l'Inspecteur Ballerine, mais je vous préviens, ce sera le dernier, si celui-ci ne vous étrille pas, je devrai livrer mon crime à quelqu'un d'autre.

L'Inspecteur Ballerine était un homme heureux.

La nouvelle de son affectation dans la brigade de son idole, quelques mois plus tôt, l'avait inondé d'un bonheur violent : il bouillonnait d'une admiration immodérée pour le Grand Commissaire Von Hartmann.

C'est pourquoi, lorsque la sonnerie de son téléphone retentit et que sur l'écran digital de celui-ci s'afficha le numéro de la ligne directe du Commissaire, son visage en rosit d'allégresse et son cœur s'emballa d'une joie princière.

L'instant suivant, il abandonna sans explication le témoin qu'il était en train d'interroger et se précipita à pas rapides et désordonnés dans l'antre du maître.

Il frappa maladroitement à la porte de son bureau et y déboula avec la ferveur incontrôlée d'un jeune faon éperdu d'un bonheur léger.

Le Commissaire était assis à son bureau, immense, resplendissant, admirable.

Un homme se tenait en face de lui.

Un silence d'église les accompagnait.

Le Commissaire le pria de s'installer et lui exposa d'une voix articulée, grave, belle, ce qu'il attendait de lui.

La requête du Commissaire le surprit mais il n'en montra rien. L'occasion qui lui était offerte de se faire apprécier par ce grand homme était tellement belle, que rien ne lui parut plus essentiel que de satisfaire sa demande avec la plus grande application.

L'inspecteur Ballerine n'entendait pas laisser filer une si belle opportunité.

Il était vêtu d'un costume sombre, d'une chemise gris clair et d'une cravate noire parsemée de motifs étoilés. Il espéra secrètement que sa tenue plairait au Commissaire.

Son grand corps veiné et nervuré paraissait frêle mais il était solide et vigoureux.

Les traits de son visage osseux semblaient être soumis à d'insondables tressaillements, témoignages des tourments vibrants qui agitaient son esprit. Ses lèvres étaient si pincées, qu'elles semblaient ne pas exister. Des lunettes de forme rectangulaire à montures de plastique brun semblaient faire partie intégrante de son crâne. Derrières les verres minces, deux petits yeux sombres et impatients le fixaient avec avidité.

— Monsieur le Commissaire, je suis l'homme qu'il vous faut ! s'exclama-t-il avec allant, dès que le Commissaire eut achevé son exposé.

— Parfait ! se réjouit le Commissaire, mais n'étant pas rassuré pour autant. Alors, je vous écoute, dit-il.

— Vous voulez donc que je vous dise, devant cet homme, ce que je pense de vous, réellement, et sans me soucier de quoi que ce soit d'autre. C'est bien cela ?

— C'est bien cela, confirma le Commissaire.

— Très bien…

L'Inspecteur Ballerine réfléchit un instant.

— Et que souhaitez-vous que je pense de vous Monsieur le Commissaire ?

— Pardon ?

— Oui, que voudriez-vous que je pense réellement de vous ?

— Vous n'avez pas compris Inspecteur Ballerine, je veux simplement que vous exprimiez la manière dont vous me considérez vraiment, rien de plus.

— Bien sûr, Monsieur le Commissaire, mais si vous me disiez ce que vous aimeriez me voir penser de vous, cela m'aiderait certainement.

— Mais enfin, Ballerine, je ne vais pas vous dire ce que vous devez penser de moi.

— Et pourquoi pas ? Ce serait plus adéquat.

— Je ne vous demande pas de penser adéquatement, je veux juste savoir ce que vous pensez vraiment.

— Mais si ce n'est pas approprié ?

Le Commissaire hésita. En temps ordinaire, il aurait affirmé qu'il valait mieux qu'il se conforme à son avis, peu importe si c'était vrai ou non. Mais dans ces circonstances, une réponse inverse s'imposait.

— Ça ne fait rien. Ce qui vous paraît vrai est exactement ce que je veux entendre.

— C'est que je n'aimerais pas vous décevoir.

— Vous ne me décevrez pas.

— Bien, alors, je me lance.

— C'est cela, lancez-vous…

Un silence se fit.

— Monsieur le Commissaire, je trouve que vous êtes… le Diable.

Le Commissaire sourit.
L'homme frémit.

— Le Diable ? répéta le Commissaire, songeur.
— Le Diable, confirma l'Inspecteur.
— C'est ce que vous pensez ?
— Oui, lorsque je pense à vous, je me dis : cet homme est le Diable.
— Et rien d'autre ?
— Non, rien d'autre. Mais c'est déjà tellement.
— Tout de même, c'est un peu juste.
— Pourtant, tout est dit.
— Vous pourriez étoffer.
— C'est impossible, ce serait perdre l'essentiel.

Un nouveau silence se fit.

— Le Diable, répéta une nouvelle fois le Commissaire, avec intérêt.
— Le Diable, répéta encore l'Inspecteur, avec satisfaction.

Le Commissaire remercia le jeune Inspecteur, lequel se retira avec le frétillement guilleret accompagnant le sentiment du devoir bien accompli.

Dès que l'Inspecteur fut sorti, le Commissaire interrogea l'homme d'un regard confiant, mais ce dernier paraissait troublé.

— Pardonnez-moi Commissaire, auriez-vous l'amabilité d'ouvrir légèrement une fenêtre. Il fait une chaleur insupportable dans votre bureau. Vous ne trouvez-pas ?

Le Commissaire le considéra un instant, étonné. Il opina néanmoins, se leva, alla entrouvrir une des fenêtres de son bureau puis revint s'asseoir à son bureau.

— Ce fut bref, dit alors l'homme, semblant plus à son aise.

— Mais éloquent, répliqua le Commissaire.

— Certes, admit l'homme, pensif.

— Vous voyez.

— Peut-être trop, en fait.

— Comment cela, trop ?

— Oui, trop éloquent.

— Il a pourtant dit ce qu'il pensait.

— Certainement.

— Mais alors ?...

— L'éloquence, lorsqu'elle est si grande, devient douteuse.

— Mais, sa sincérité était parlante.

— Criarde même, dirai-je.

— Eh bien, justement, cela devrait vous convaincre.

— La sincérité criarde, lorsqu'elle provient du fanatique, est suspecte.

— Du fanatique ?

— Cet homme vous admire à outrance, c'est évident.

— Mais, c'est ce que vous souhaitiez : quelqu'un qui m'aime pour vous assurer de la pureté de son avis.

— Qui vous aime, oui. Celui-là ne vous aime pas, il vous vénère.

— Vous pinaillez.

— Je ne pinaille pas, je m'assure que mon jugement ne sera pas faussé.

— Alors, que faire ?

L'homme réfléchit un instant.

— Il n'y a qu'un extrême pour équilibrer un autre extrême.

— Que voulez-vous dire ?

— Un témoignage émis par quelqu'un qui vous aime avec fanatisme ne peut être confirmé, équilibré que par le témoignage de quelqu'un qui vous déteste avec le même fanatisme.

— C'est compliqué.

— Allons, Commissaire, je ne peux pas croire qu'il n'existe personne qui vous déteste à ce point là…

— Certainement, admit le Commissaire, contrarié.

— Quelqu'un qui accepterait de dire…

— …

— Quelqu'un qui aimerait dire…

— …

— Quelqu'un qui dirait avec fougue et effervescence…

— …

— … l'homme abominable que vous êtes…

— …

— Alors, Commissaire, n'y aurait-il personne…?

Le Commissaire le considéra, hésitant, affecté, blême.

— Eh bien, Commissaire, vous me semblez embarrassé. Songeriez-vous par hasard à quelqu'un…?

Le Commissaire hésita encore un instant, puis souffla :

— Il y aurait bien…
— Oui, qui ?
— Non, c'est impossible…
— Pourquoi ?
— Elle n'acceptera jamais.
— Mais de qui s'agit-il Commissaire ?

Le Commissaire marqua un nouveau long temps d'arrêt, puis lâcha dans un souffle ému et frémissant :

— Ma première femme…
— Votre première femme… répéta l'homme avec intérêt.
— Oui, elle a toujours affirmé avoir connu l'enfer avec moi, siffla tout bas le Commissaire.

L'homme l'observa d'un air inquisiteur, songeur, avide.

— L'enfer, répéta l'homme, avec profondeur.

— Oui, c'est ce qu'elle disait tout le temps.

— Pourrait-elle le confirmer ?

— Probablement, mais elle n'acceptera jamais de me parler, encore moins de me revoir.

— Votre séparation fut brutale, je présume.

— Violente !

— Violente ?

— Cataclysmique même !

— Diable…

— Une guerre totale… acheva le Commissaire, éprouvé.

— Pourtant, il faut essayer.

— Jamais !

— Il n'y a pas d'autre solution, Commissaire, n'est-ce pas ?

— …

— N'est-ce pas, Commissaire ?

— Non, c'est la seule, céda le Commissaire, d'un geste las.

— Alors, il faut le lui demander, signifia l'homme.

Le Commissaire dévisagea l'homme, empli de désarroi. Il aurait voulu le congédier, renoncer à cette affaire, oublier cette matinée cauchemardesque, retrouver la maîtrise de sa journée et de sa vie. Pourtant, quelque chose l'en empêchait, quelque chose de plus fort que lui. Il ne pouvait revenir en arrière. Il ne pouvait s'opposer à cet inconnu qui avait pris le contrôle de sa journée.

Ainsi donc, il capitula :

— Comment…? Demanda-t-il

— Vous devez l'appeler.

— L'appeler…? Mais…

— Oui, c'est le seul moyen, le coupa-t-il.

— Aujourd'hui ?

— Immédiatement.

— Mais… c'est difficile, s'inquiéta le Commissaire

— Pourquoi cela ?

— Eh bien, il y a ma cérémonie, tout à l'heure, vous savez bien.

— Vous avez encore le temps.

— Est-ce réellement nécessaire ?

— C'est indispensable.

Le Commissaire resta figé.

— Vous doutez d'elle ? interrogea l'homme.

— Non, elle n'a jamais perdu une occasion de me damner.

— Serait-t-elle accablante ?

— Impitoyable…

— Alors…?

Le Commissaire hésita, puis après un moment :

— C'est entendu, concéda-t-il. Mais nous devrons être prudents…

— Prudents ? Pourquoi cela ?

— Ce pourrait être dangereux.

— Dangereux ?

— Oui, c'est une vipère.

— Tant mieux, c'est bien de venin dont nous avons besoin.

— Oui…, concéda le Commissaire l'oreille basse.

Sur ce, le Commissaire décrocha prudemment son téléphone, porta le combiné à son oreille, mais alors qu'il s'apprêtait à composer le numéro de téléphone de son épouse - qu'il avait toujours conservé en mémoire - il fit une drôle de moue.

— Tiens, c'est curieux, on dirait que je n'ai plus de tonalité, dit-il.

— Plus de tonalité ? s'étonna l'homme. C'est curieux. Vous l'avez pourtant utilisé il y a un instant à peine.

— Oui, en effet.

Le Commissaire raccrocha alors le combiné, puis essaya à nouveau.

— Toujours rien, dit-il. Voilà qui est bien fâcheux. Je vais devoir aller chercher quelqu'un du service technique.

— Ne vous donnez pas cette peine, Commissaire, intervint l'homme. Utilisez donc mon téléphone portable, proposa-t-il, tout en retirant l'appareil de la poche intérieure de sa veste et en le tendant au Commissaire.

— Non, c'est très aimable, mais…

— Enfin, Commissaire, ne faites-donc pas d'histoire, insista l'homme. Nous n'avons guère de temps à perdre, vous le savez-bien. Votre Légion d'Honneur, cet après-midi…

Le Commissaire le considéra, hésita, puis consentit :

— Très bien, je vous remercie.

Il composa alors le numéro de sa première épouse sur le téléphone portable de l'individu.

Elle décrocha très rapidement.

L'échange fut bref.

— Elle accepte, confirma le Commissaire, aussi incrédule que dépité.

— Parfait dit l'homme, esquissant un imperceptible sourire.

II

Quelques instants plus tard, les deux hommes s'installaient dans l'imposante berline du Commissaire : noire, rutilante, interminable.

Von Hartmann actionna la clé de contact. Un vrombissement puissant résonna aussitôt. Une infinité d'étoiles resplendirent à l'unisson dans la galaxie du luxueux tableau de bord.

Les deux hommes demeuraient silencieux.

Le Commissaire manœuvra avec maîtrise. Le véhicule répondit avec souplesse et docilité.

Sur le trajet, les pensées du Commissaire défilèrent au rythme du paysage urbain : de manière effrénée. L'incongruité de la situation lui apparut dans toute sa démesure : qu'était-il en train de faire ? Comment s'était-il retrouvé à mener un inconnu au domicile de sa première femme, qu'il n'avait pas revue depuis tant d'années ? Comment cet homme avait-il réussi à le manœuvrer avec autant de facilité, lui qui ne s'était jamais soumis à personne, lui qui avait toujours tout maîtrisé, en toutes circonstances ? Et quel était cet acte abominable et si singulier dont se prévalait cet homme ?

Il avait suspecté, un court instant, que ce crime n'existait pas, qu'il n'était qu'une invention au dessein improbable. Mais cette hypothèse s'était évanouie presque aussitôt. Son infaillible intuition lui avait dicté que les prétentions de cet homme étaient véritables, authentiques. Cet homme était bien un criminel. Il en était certain.

Pourtant, cette entreprise insensée ne reposait sur rien.

Mais plus que toutes les autres, une question résonnait et ricochait sans cesse dans son esprit : qui était donc cet homme qui avait réussi une si audacieuse entreprise ?

L'homme, tranquillement installé sur le siège passager, restait muet, impassible, froid.

— Qui êtes-vous ? demanda alors le Commissaire, dans une douce fébrilité, qui résonna comme une supplique.

Mais l'homme ne répondit pas et le trajet se poursuivit dans ce silence étrange.

Miranda fut la première épouse du Commissaire Andreï Von Hartmann.

Leur mariage ne dura que trois années mais il fut le plus long des cinq qu'il consomma. Ce fut aussi le plus terrible. Le plus acharné. Le plus riche. Le plus fou.

Trois années durant lesquelles les rires s'étaient opposés aux disputes, les remords contrits avaient succédé aux emportements âpres, les paroles veloutées avaient corrompu les positions figées, les étreintes fougueuses avaient étouffé les incendies, les effusions sensuelles avaient déjoué les discordes, les passions fiévreuses avaient fait fondre les silences glacés.

Les premiers mois s'étaient écoulés dans ce jeu dangereux d'équilibre des forces et des flux. La menace de la séparation était brandie lors de chacun de leurs affrontements - à la manière dont les grandes puissances exhibent leur arsenal nucléaire - mais elle n'était jamais mise à exécution. Ainsi les atermoiements perduraient et le couple se maintenait.

Mais comme dans toutes les guerres, tôt ou tard, l'un des combattants finit un jour par prendre l'ascendant sur son adversaire.

Contre toute attente, ce fut le Commissaire qui céda.

Il commença par se courber face aux estocades volubiles de sa compagne. Puis apparurent d'autres faiblesses : il accepta plus docilement les remontrances, sa résistance aux scènes se fit plus ténue. Suivirent langueurs, complaisances, indulgences, autant de symptômes marquant l'apparition d'un abandon qui scella le sort de leur mariage : menacé de subir l'emprise de sa femme, il lui fallut lutter pour survivre. Ce fut ou combattre ou s'enfuir.

Conscient de la supériorité en armes de son opposante, il opta pour la fuite.

Un jour qu'elle s'était absentée pour la journée, il rassembla ses affaires qu'il comprima à la hâte dans deux immenses valises, concéda un dernier regard aux souvenirs communs qu'il abandonnait avec regret, puis se réfugia dans l'anonymat d'un hôtel sans âme du centre ville.

L'évasion discrète du Commissaire fut de courte durée. Si la fougueuse créature ignorait où il se logeait durant la nuit, elle savait où le trouver le jour. Elle le traqua donc là où il ne pensait pas qu'elle le chercherait : au sein même du Commissariat. Elle y débarqua dès le lendemain avec une virulence cauchemardesque. Elle vociféra, éructa, argumenta, manipula, charma, puis obtint la reddition du puissant Commissaire et son retour sans condition à leur domicile.

D'autres tentatives suivirent. Toutes échouèrent. Le joug de la femelle dominatrice était aussi implacable qu'imparable.

Il songea alors à ces criminels, dont il avait précipité la captivité, et qui se seraient gaussés avec le dernier mépris de le savoir enchaîné dans cette abominable et ridicule incarcération conjugale. Il réalisa alors que sa libération serait autrement plus difficile, car sa prison à lui n'était pas faite de murs épais, de barbelés acérés et de portes d'acier, mais de l'enceinte dragonesque que constituait son épouse, animée d'un amour possessif et acharné.

Il comprit que sa liberté devrait se gagner autrement : par la répulsion de son geôlier.
Il lui fallait devenir tellement indigeste que le Cerbère se dégoûte de sa proie et la régurgite. Autrement dit, devenir si détestable que sa femme le prendrait en horreur et le chasserait avec force.

La panoplie des actes sordides qu'un homme est capable d'accomplir pour bafouer sa femme est prodigieuse. Il l'utilisa toute entière. Il gratifia chacune de leurs conversations d'un avis systématiquement contraire au sien, déclenchant à chaque fois son irritation amère. Il critiqua vertement son aspect et ses toilettes dont il reprochait constamment le mauvais goût. Il l'inonda de mensonges, à tout bout de champs, sur tous les sujets et avec la plus grande fantaisie, et s'assurait qu'elle le confonde. Il se négligea honteusement afin de lui offrir un spectacle de lui-même désolant : sale, mal mis, ni coiffé, ni rasé. Il s'employa à disparaître avec fréquence, sans la prévenir, durant des périodes incertaines et aléatoires, aux termes desquelles il réapparaissait sans excuse ni explication. Il la négligea, feignant d'ignorer sa présence, au même titre que les meubles mornes garnissant leur vaste demeure. Il la traita avec ingratitude et mépris, oubliant toutes les formes d'égard, surtout les plus élémentaires. Il lui imposa la présence inopinée et répétée de personnages odieux et méprisables, qui investirent leur domicile pour des durées indécentes.

Hélas, ces armes conventionnelles échouèrent. L'épouse restait amoureuse de lui.

Il gravit alors les niveaux dans l'échelle de l'exécrable, et se fut l'escalade : il devint odieux, haïssable, invivable, ce qui ne lui coûta que peu

144

d'efforts, tant sa propension à l'ignominie relevait pour lui d'un penchant naturel.

Il se montra crapuleux, méchant, sadique, inhumain.

Rien n'y faisait. Miranda résistait, solide, inflexible. Les outrages du libertaire ricochaient avec impuissance sur la cuirasse impénétrable de cette femme dont l'amour fanatisé était aveugle à ces débauches insatiables de vilénie.

Désabusé, il recourut à l'adultère, arme de destruction absolue du mariage, dont il estima que l'outrage serait si scabreux que sa femme ne pourrait que le répudier.

Il arpenta alors avec entrain les hauts lieux de frivolité, certain d'y dégoter avec facilité et immédiateté les égéries de sa compromission. Tout y passa : les filles de peu de vertu, les filles de rien, les profiteuses, les détourneuses d'époux. Cependant, si son charisme le rendait irrésistible, sa réputation le rendait intouchable : intimidées, les péronnelles restèrent exceptionnellement discrètes. Bien que leur nombre fut conséquent, il n'en fut aucune qui se montra outrancière, intrusive ou revendicatrice. L'affaire accomplie, ces femmes s'en retournaient à d'autres, oubliant aussitôt et prudemment celle qui venait d'être furtivement accomplie avec l'illustre Commissaire.

Aussi, ses escapades passèrent inaperçues et malheureusement inconnues de celle dont il souhaitait provoquer l'indignation guerrière.

Le Commissaire entreprit alors de provoquer par lui même les occasions d'être confondu. Il vaporisa ses revers de chemises de parfums aux fragrances féminines, il oublia à dessein dans les poches intérieures de ses vestes des mots doux compromettants - dont certains étaient écrits de sa propre plume, travestie pour l'occasion -, il s'exhiba avec audace aux terrasses des cafés, en compagnie de l'une ou l'autre de ses conquêtes.

Mais sans plus de succès : la manœuvre échoua. Si Miranda apprit, suspecta ou même imagina qu'il y eut d'autres femmes, elle n'en montra rien.

Puis un jour, dépité mais non résigné, le Commissaire eut alors cette idée diabolique, abominable, inavouable, qui sonna enfin le glas de leur ardent mariage. Il réalisa ce qu'aucun autre que lui n'aurait pu concevoir, ni avoir le courage de réaliser.

Les conséquences furent radicales : le couple se sépara immédiatement.

Depuis, ils ne s'étaient jamais plus revus, ni parlés.

Le couple Von Hartmann s'était définitivement dissout.

Miranda Von Hartmann (elle avait conservé son nom d'épouse pour d'obscures raisons)
avait subi la corrosion avide du temps qui se diffuse
en dévorant la beauté : sa peau s'était ridée et épais-
sie, son visage s'était arrondi, ses traits s'étaient af-
faissés.

Elle avait atteint un âge où celui-ci rend
une forme de justice : les beautés et les laideurs des
premières années, lorsque la jeunesse les porte à
leur apogée, s'estompent. Les écarts se réduisent,
les contrastes se nuancent. Celles qui furent belles le
sont moins, celles qui furent laides le sont moins
aussi. Les diverses altérations abîment les premières
tandis qu'elles rehaussent les secondes : les rides
déchirent la pulpe des jolies peaux tandis qu'elles

apporter du relief à celles qui furent trop creusées, les rondeurs déforment les traits fins alors qu'elles adoucissent les contours autrefois fort abrupts, les flétrissures ternissent les pigments éclatants alors qu'elles dissipent les teints blafards. Cette transformation des physiques finit, à son paroxysme, par confondre la beauté et la laideur en une décrépitude uniforme dont la forme originelle est alors oubliée.

Miranda luttait avec une réussite incertaine contre l'inéluctable érosion de sa beauté : des entrelacs de boucles artificiellement blondies se rejoignaient avec rigueur sous l'autorité d'un nœud strict fait d'un éclatant ruban bleu turquoise en taffetas. L'efflorescence jaune retrouvait ensuite sa liberté en s'envolant en tous sens, puis retombait comme une pluie dorée venant caresser ses épaules. Sa peau était fardée avec exagération, ses paupières étaient colorées à l'excès, ses lèvres s'asphyxiaient sous une couche épaisse de graisse rose. De lourdes perles cerclées d'or massif pendaient dangereusement de ses lobes écartelés. Une large robe flottante tentait avec témérité, mais sans succès, de voiler l'expansion irrépressible de son corps, dont l'opulente poitrine trahissait à l'envi la trop grande générosité. En dépassaient d'épaisses mains baguées à chaque doigt, achevées d'ongles colorés et vernissés de plusieurs couches, dont l'addition des strates faisait penser à des serres d'aigle. Ses pieds, emprisonnés dans de sévères - bien que pailletés - escarpins dorés, semblaient avoir connu le même sort, tant ses orteils rougeoyaient trop vivement.

Sa voie rauque et abrupte, son verbe haut et rêche, son franc-parler dépourvu des plus élémentaires marques de considération, la plaçaient d'emblée dans cette catégorie redoutable des femmes sèches et brutales dont la rencontre est irrémédiablement amère.

Miranda était dotée d'une personnalité à l'image de son corps : expressive et torturée.

Ses élèves – Miranda était professeur d'égyptologie – parlaient d'elle avec la prudence inquiète et modérée des superstitieux, comme si la force mystique de son enseignement l'avait pénétrée d'une malédiction de pharaon.

Miranda professait sans aménité ni révérence.

Elle administrait ses cours avec tant d'autorité et de supériorité que recevoir son enseignement était comme subir un châtiment : il était reçu l'échine courbée et l'œil baissé.

Les étudiants - qui suivaient néanmoins son enseignement avec une belle assiduité - n'étaient autres que des sujets qu'elle présumait sots et dont elle considérait les idées personnelles comme des actes de pornographie.

Aucune intervention n'était tolérée : son enseignement consistait en une proclamation dont toutes formes de discussion et de débats avait été bannis avec la plus grande fermeté. Qu'un élève puisse imaginer que son avis pourrait contenir ne serait-ce qu'un soupçon de pertinence relevait de la candeur la plus risible.

Elle seule détenait le savoir, et donc l'intelligence.

C'était ainsi et personne n'avait réussi à l'infléchir.

Aussi, dans la salle de conférence où elle régnait, seule la voix magistrale de la monologueuse diffusait son écho pénétrant. Et quand elle se taisait, un silence de mort s'imposait.

Telle était Miranda.

Une imposante table de marbre de couleur sable dominait la vaste salle à manger.

Miranda y était installée, se tenant face aux immenses baies vitrées qui offraient une vue parfaite sur son jardin luxuriant. Un magnifique érable japonais aux feuilles rouges dentelées colorait avec éclat son jardin parfaitement soigné.

Quelques rayons de soleil parvenaient à percer entre les nuages et traversaient avec majesté les feuilles qui se cambraient de plaisir en dévoilant sans pudeur l'intimité fragile de leurs délicates nervures.

Un vent tiède jouait les intrus en s'infiltrant par une fenêtre à la fermeture rebelle et accompagnait son passage d'un sifflement continu résonnant telle une mélopée lugubre et fascinante.

Miranda attendait, immobile, dépourvue d'expression, semblant perdue dans d'insondables pensées.

Son regard était froid, vide, reptilien.

Elle tenait encore dans sa main le combiné rouge de son téléphone sans-fil qui, un instant auparavant, lui avait annoncé dans un grésillement fébrile l'arrivée imminente de l'homme qui avait été son premier mari.

Les ongles longs de son autre main pianotaient doucement le marbre lisse qui répondait docilement par un cliquetis métallique régulier.

Dans la cuisine attenante, on entendait le piaillement continu d'un amazone à front bleu. A l'intérieur de la cage bien plus haute et ouvragée que celles habituellement utilisées pour contenir de tels oiseaux, le perroquet clamait avec rage son innocence et l'injustice honteuse de son emprisonnement.

Mais à ce moment là, Miranda ne l'entendait pas.

Une immense villa à la géométrie moderne, trouée de larges et fières ouvertures vitrées, dévoilait en son intérieur une décoration colorée. Les façades vertes olive se fondaient avec une harmonie discrète dans la végétation abondante et variée d'un vaste parc, dont la perfection des courbes supposait le concours besogneux de jardiniers ardents.

La propriété était entourée d'un muret surplombé d'une haute grille noire ouvragée en fer forgé, dont les barreaux en rangs alignés s'effilaient à leur sommet de pointes dangereusement affutées. L'enceinte formait une protection élevée et digne dont l'arrogance acérée n'invitait pas à l'escalade.

La longue voiture noire s'arrêta silencieusement devant un lourd portail. Un instant plus tard, celui-ci s'ouvrit dans un grincement motorisé, mû par une intervention invisible et silencieuse. La berline avança lentement sur l'allée serpentant jusqu'à la villa, dont les gravillons sombres crépitèrent nerveusement sous la pression des pneus larges de la voiture scintillante.

Le véhicule s'immobilisa. Le moteur se tut. Les deux portières avant s'ouvrirent puis se refermèrent de concert dans un claquement feutré.

Les deux hommes descendirent lentement du véhicule et se dirigèrent sans se parler vers une porte large, blanche et creusée de motifs rectilignes, laquelle était encadrée de deux colonnes lisses, situées de part et d'autre, comme deux geôliers imposants et concentriques.

L'entrée immaculée et ses deux escortes dominaient une volée de marches de marbre blanc sur lesquelles dansaient un lacis de lignes et de motifs mordorés s'égarant en tout sens comme animés par des rythmes désordonnés.

La porte s'ouvrit quelques instants après qu'un carillon au chant retentissant eut achevé de faire résonner sa mélodie stridente dans chaque recoin des immenses volumes de la demeure.

III

« Inimaginable…! »

— …Bonjour Miranda.

— Le grand Commissaire Andreï Von Hartmann, en personne, qui sonne à ma porte.

— …

— Aurais-je pu m'imaginer connaître un jour évènement plus déroutant…?

— Peut-être pourrais-tu t'abstenir d'en faire autant ?

— Autant…? Moi qui avais peur de ne pas en faire assez. Je gardais de toi le souvenir d'un tel besoin de faste. Aurais-tu perdu le goût de l'excessif, Andreï ?

Andreï ne répondit pas au sarcasme grinçant. Il connaissait par avance l'escalade à laquelle sa réponse les conduirait inévitablement.

Sa présence ici relevait d'une impérieuse nécessité. Il devait en préserver les chances en évitant un affrontement trop brutal qui lézarderait trop facilement l'édifice déjà fragile que constituaient ses si singulières intentions.

Visiblement satisfaite par le silence consenti par son ex-époux et considérant que le préambule de leur rencontre était achevé, Miranda apprécia l'homme, plus jeune, qui l'accompagnait.

— Tu n'es pas seul, commenta-t-elle avec indifférence.

— Non, répondit laconiquement Von Hartmann.

— Entre, se contenta-t-elle d'ajouter en ignorant l'individu avec la plus grande impolitesse.

Elle se retourna et disparut alors à l'intérieur de la luxueuse demeure.

Les deux hommes échangèrent un bref regard entendu puis la suivirent.

Ils pénétrèrent alors dans un vaste hall dont les murs étaient couverts de tapisseries aux scènes de chasse moyenâgeuses. On y voyait sur l'une d'entre-elles un cerf bondissant qui cherchait à échapper à des cavaliers en armes soufflant avec une ostensible frénésie dans des cors dressés vers le ciel, tandis qu'aux sabots de leurs fiers chevaux lancés dans un galop joyeux, une horde de chiens hargneux tentaient de rattraper l'animal affolé.

Le Commissaire frissonna un instant à la vue de l'animal traqué, dont le sort lui parut peu éloigné du sien, dans l'antre de son ex-épouse.

Ils traversèrent l'endroit en activant le pas derrière l'imposante hôtesse, qui filait maintenant sans se retourner le long d'un large couloir orné de tableaux aux cadres somptueux.

Un salon très spacieux se découvrit ensuite, où un superbe tapis d'orient chamarré aux dimensions improbables étouffa le craquement du parquet vieilli sous leurs pas empressés. Plusieurs fauteuils de style Empire y étaient disposés autour d'une table basse ovale dont le plateau en marbre vert veiné de blanc était serti sur une structure de fer forgé à trois pieds ornés de sphinx en bronze. Les dossiers et les sièges des fauteuils en merisier mouluré et sculpté étaient couverts d'un tissu couleur cerise sur lesquelles étaient brodés rosaces et fleurons dorés.

Miranda s'assit royalement sur l'un deux et engagea les deux hommes à se poser à leur tour d'un mouvement de main lancé sans élégance.

L'instant suivant, une petite dame vêtue de noir se présenta, portant, au niveau des hanches, un léger tablier blanc aux broderies sobres. Son visage asiatique à la forme arrondie présentait une peau granuleuse et tendue par un sourire constant qui plissait à l'excès ses yeux déjà très bridés. Les mains jointes et appuyées juste sous sa poitrine plate, elle s'arrêta près de Miranda, les yeux baissés sur ses souliers noirs vernis.

— Apportez-nous du thé au jasmin, Shin-Mu, je vous prie, commanda Miranda avec autorité.

— Bien, Madame, acquiesça la servante avec révérence, tout en s'éclipsant avec empressement ; silencieuse et fluide comme un animal des forêts prompt à disparaître dans son refuge végétal.

— Du thé au jasmin, commenta le Commissaire. Tu te souvenais...

— Oui, je me souviens de cela, comme de tout le reste, répliqua Miranda, amère.

Von Hartmann laissa filer la remarque sans rien dire, tout en jetant un bref coup d'œil à l'homme, qui était assis en face de lui, les jambes croisées, à la droite de Miranda. Il était impassible, neutre, comme un témoin feignant son indifférence à la scène mais dont l'attention déguisée se devinait.

— Je suis surpris que tu aies accepté de me voir aussi facilement, lança Von Hartmann.

— Ah, et pourquoi cela ? interrogea Miranda.

— J'aurais parié que ma visite ne te ferait pas vraiment plaisir.

— Et qui te dit qu'elle me fait plaisir ?

— Ce n'est pas ce que j'ai voulu dire, corrigea Von Hartmann. Je me doute bien que ce n'est pas un plaisir pour toi de me revoir.

— Et que voulais-tu dire alors, Andreï ?

— Je suis simplement étonné que tu ne m'aies pas raccroché au nez, voilà tout.

— Tu vois, après toutes ces années, je peux encore te surprendre.

— Ça, ce n'est pas très étonnant.

— Que veux-tu dire ?

— Simplement, que tu as toujours eu cette faculté inépuisable de me dérouter.

— C'est vrai, acquiesça-t-elle, pensive. Pourtant, cela n'est pas facile. Toi qui a toujours été si vigilant, si méfiant, si…paranoïaque.

— Paranoïaque ? Tu exagères.

— Crois-tu ? Je te connais bien mieux que tu ne le penses, Andreï.

— Tout de même, tu as accepté de me revoir, sans même m'en demander la raison, reprit le Commissaire, ignorant l'affirmation.

À ces mots, Miranda s'esclaffa.

— Alors ça, mon cher Andreï, c'était bien inutile, ajouta-t-elle en riant de plus belle.

— Et pourquoi cela ? interrogea Von Hartmann, agacé par le rire forcé de son ex-épouse.

— Enfin, Andreï, le simple fait que tu m'appelles, que tu demandes à me voir, après toutes ces années de silence, et de cette voix si… implorante… C'était déjà si inconcevable, si sidérant… Cela a amplement suffi à combler ma curiosité.

— Toi, curieuse ?

— Pour la première fois, oui.

— Et qu'as-tu ressenti d'autre ?

— De l'allégresse.

— Du seul fait que je souhaite te voir ?

— Oui.

— Étonnant.

— Pas tant que cela, en réalité, car c'est la première fois.

— La première fois que quoi ?

— Que tu aies vraiment besoin de moi.

— Tu exagères.

— Non, Andreï, je n'exagère pas. Te souviens-tu que cela soit déjà arrivé ?

— C'est ridicule, Miranda, tu as été ma femme. Evidemment que j'ai eu besoin de toi.

— Ah oui ? Quand ? À quelle occasion ? Pourrais-tu me dire un seul moment où cela s'est produit ?

— C'est ridicule, voyons.

— Je t'écoute.

— ... Cela a du arriver, certainement.

— Quand ?

— ...

Le Commissaire, gêné, réfléchissait. Chaque seconde qui s'écoulait en silence ajoutait à son embarras.

— Alors, Andreï...?

Le Commissaire réfléchit encore, puis avança :

— Pour choisir mon costume de mariage, affirma-t-il, avec un sourire timide, qui redonna un semblant de vie à son visage devenu blême.

— Besogne vilainement matérielle. Cela ne compte pas.

Assombri, le Commissaire réfléchit à nouveau, puis se réanima un instant plus tard :

— Lorsqu'il a fallu annoncer le décès de mon père à ma mère. Là, j'ai vraiment eu besoin de toi.

— Lâcheté ! Cela ne compte pas non plus. Ce que je veux savoir, c'est quand as-tu eu besoin de moi, pour quelque chose te touchant personnellement. Pour toi même.

— Je ne sais pas Miranda..., admit-il finalement, vaincu. Mais quelle importance, au fond ?

162

— C'est important pour moi Andreï. Parce que pour la première fois, enfin, après toutes ces années, voilà que tu me demandes quelque chose, et que tu as vraiment besoin de moi.

— Alors, savoure ta victoire.

— Oh, ce n'est pas une victoire.

— On le croirait, à te voir. Qu'est-ce donc sinon ?

— Une grande satisfaction.

— À la bonne heure. À te voir, on dirait que c'est la première fois que quelqu'un ait besoin de toi.

— Quelqu'un, non... Toi. Oui, probablement.

À ce moment là réapparut la soubrette chinoise, munie d'un plateau fait de bois précieux, en forme d'échiquier. Une théière, un sucrier et trois tasses de porcelaines y étaient disposées, dont la curiosité des motifs attirèrent l'attention du Commissaire. Des personnages étranges y étaient représentés, sans qu'il ne parvienne vraiment à les identifier. Leurs corps semblaient humains, habillés de vêtements sombres aux nuances de gris et de noir, mais munis de plusieurs manches desquelles sortaient de longues pates effilées. Leurs têtes, en revanche, étaient celles d'insectes. Des cancrelats, pensa le Commissaire, en observant les longues et fines antennes, ainsi que les larges pièces buccales disposées sous des yeux hémisphériques noirs et glaçants.

— Merci Shin-mu, déposez cela et prenez votre journée je vous prie, dit Miranda.

— Mais, Madame, s'inquiéta la servante, je n'ai pas encore préparé votre repas.

— Ça ne fait rien, trancha Miranda. Vous pouvez nous laisser, maintenant. À demain, Shin-mu.

— Très bien, Madame. À demain alors, obtempéra Shin-mu.

Et la servante s'éclipsa.

— Bien, où en étions-nous ? reprit Miranda. Tu t'apprêtais à m'expliquer pour quelle raison tu avais besoin de moi, je crois, lança-t-elle avec un sourire narquois.

— Oui, consentit finalement Von Hartmann après un instant d'hésitation.

— Eh bien, je t'écoute Andreï, le pressa-t-elle, alors que ce dernier tardait à s'expliquer.

Le Commissaire lui exposa alors la raison de sa visite, en la nuançant de manière à ce qu'elle soit acceptable tout en étant moins désavantageuse à son encontre. Il avait choisit de présenter l'homme qui l'accompagnait comme étant un journaliste, qui, dans le cadre de sa Légion d'Honneur, souhaitait écrire un article fidèle sur l'aspect le moins connu de sa personnalité. Le reporter avait à ce titre souhaité entendre la personne qui, selon le Commissaire, le connaissait le mieux et pourrait en faire un portrait fidèle, sincère et personnel. Compte-tenu de l'importance et de l'exceptionnalité de cet événement pour le Commissaire, celui-ci y avait consenti et avait pensé à son ex-épouse, nonobstant leurs anciens différends, considérant qu'après toutes ces années, il était probablement temps d'oublier le passé.

Il avait bien conscience que c'était un peu tiré par les cheveux, mais vu les circonstances, c'était ce qu'il avait trouvé de mieux.

Miranda l'écouta sans rien dire, puis marqua un silence voluptueux.

— Tu veux donc que je dise ce que je pense de toi ? demanda-t-elle, comme pour être certaine d'avoir bien compris.

— Oui.

— Devant ce Monsieur, demanda-t-elle, révélant pour la première fois la conscience qu'elle avait de la présence de l'homme en question.

— Oui, confirma Von Hartmann.

— Et particulièrement, sur les aspects les moins... séduisants de ta personnalité.

— C'est bien ça.

Miranda s'esclaffa.

— Mon pauvre Andreï, as-tu réellement conscience du grotesque de ta demande ?

— Oui, confirma-t-il dans un souffle. Mais peu importe. C'est important pour moi.

— Tu es bien sûr ? ironisa-t-elle en-core, jubilante.

— Certain.

— Et tu le veux quand même ? insis-ta-t-elle, cette fois sur un ton plus consterné.

— Comme tu vois.

— Ça alors…

— …

— Tu as aussi conscience que cela risque de ne pas t'être… favorable ? s'amusa-t-elle.

— Evidemment.

— D'être cruel…

— Oui.

— Impitoyable…

— Oui.

— Que tu risques de ne pas en sortir indemne…

— Nous verrons bien.

— Tu es si sûr de toi, n'est-ce pas… Tu penses que rien ne peut t'atteindre. Tu te juges intouchable. Et pourtant…

— Et pourtant ?

— Je te connais bien mieux que tu ne le penses Andreï. Je sais ce qui se cache derrière cette armure argentée, dont tu te pares avec une si glorieuse assurance.

— Et quoi donc ? Je t'en prie. Nous t'écoutons…

Miranda lui lança alors un regard indé-finissable, puis dit :

— As-tu déjà pris le temps de bien observer un cafard ?

Le Commissaire sourit.

— Voilà donc ce que tu penses de moi ?... s'amusa le Commissaire. Tu me compares à un cafard. Je m'attendais à quelque chose de plus original.

— Oh non, Andreï, tu n'as rien d'un cafard. Le cafard est un insecte certes repoussant, mais il est admirable sous de nombreux aspects : une cuirasse parfaitement profilée, une tête idéalement conçue, des pattes agiles et gracieusement effilées.

— Je ne te connaissais pas cet attrait pour l'entomologie.

— Je le suis devenue à ton contact, mon cher Andreï. Question d'adaptation à son environnement...

A cette réplique lancée avec un cynisme grinçant, le sourire du Commissaire s'estompa.

— Si je ne suis pas cet horrible cafard, que suis-je donc, alors ? la provoqua-t-il néanmoins, cherchant ainsi à dissimuler son embarras.

— Non, en effet, Andreï. Tu n'as strictement rien de comparable avec cet être respectable, qui me semble comparé à toi si... gracieux, si charmant.

Le Commissaire blêmit, l'impudente s'enhardit :

— Non, toi, Andreï, tu serais plutôt ce qui reste du cafard, quand celui-ci se trouve violemment et lamentablement écrasé par la semelle de la ménagère : une giclée visqueuse et grasse, un coulis poisseux et abject, une bouillie gluante et écœurante, un dégueulis bileux, fielleux et nauséabond, une suppuration purulente à servir comme vermifuge aux animaux de ferme, une colique de vieille truite à l'agonie, une anomalie, une aberration...

— Ça va, Miranda ! le coupa Von Hartmann. En voilà assez ! J'ai compris. Mais j'espérais tout de même quelque chose de plus relevé. Je constate que tu es toujours restée aussi amère et … acide.

— Oh, mais Andreï, je n'en ai pas terminé. J'ai encore beaucoup à te dire.

— Eh bien, vas-y, Miranda, finissons-en. Comme tu le sais, une cérémonie importante m'attend cet après-midi...

— Ah, oui, ta Légion d'Honneur ! s'exclama-t-elle avec emphase. Eh bien, justement, parlons-en de ta Légion d'Honneur...

Le Commissaire se crispa. Le ton sur lequel Miranda avait prononcé ces mots l'inquiéta.

Satisfaite de l'effet produit, elle poursuivit :

— Tu dois être si fier d'obtenir enfin cette Légion d'Honneur. Tu la voulais tellement. Tu l'attendais depuis si longtemps.

Le Commissaire ne répondit pas. Il ne comprenait pas très bien pourquoi elle abordait ce sujet, mais il eut une sorte de mauvais pressentiment.

— C'est une véritable consécration, Andreï. La reconnaissance absolue, l'honneur suprême. L'apothéose de ta si *belle* carrière... Mais penses-tu l'avoir méritée, Andreï ?

Le Commissaire s'inquiéta :

— Que veux-tu dire ?

— Penses-tu avoir *vraiment* mérité cette décoration ?

— Bien sûr, ma réussite est incontestable et...

— Ta réussite, l'interrompit-elle ? Puis elle rit avec froideur et méchanceté. Mais de quelle réussite parles-tu ? De la somme des arrestations auxquelles tu as contribué si efficacement ? Est-ce là ce que tu appelles ta *réussite* ?

— Bien sûr, mais il n'y a pas que cela.

— Ah...? Et qu'y a-t-il d'autre, Andreï ?

— Eh bien...

— Tu veux peut-être parler de la façon admirable dont tu as réussi à te faire craindre par tous ? le coupa-t-elle. De la manière extraordinaire dont tu as écrasé tous ceux qui t'ont approché ? De la façon exemplaire dont tu as détruit tout ce que tu as touché ?

Silence du Commissaire.

— Enfin, Andreï, ouvre donc les yeux.

Miranda se fit alors encore plus mordante, animée d'un cynisme des plus grinçant :

— Crois-tu un seul instant que le Ministre ait réellement souhaité te faire un tel honneur ?

— Que veux-tu dire ? répliqua le Commissaire, interdit.

Miranda le toisa alors, investie d'un sourire malfaisant et sadique :

— Cela ne t'a donc pas surpris ?

— ... Non, répondit-il, avec hésitation.

— Toi qui as toujours su développer avec le Ministère, comme avec tout le monde, une telle inimitié... Tu n'as pas été surpris de te voir ainsi glorifié ? Tu ne t'es pas posé de question ? Tu ne t'es pas demandé pourquoi, soudain...? Tu n'as pas douté du bien fondé de cette reconnaissance ?

— Pourquoi aurais-je douté ? Cette Légion d'Honneur, elle m'est due.

— Elle t'est due ! s'exclama-t-elle. C'est donc ce que tu penses ? Ta vanité est décidemment sans égal.

— Ma vanité, comme tu dis, n'a rien à voir. Je sais ce que je vaux et cette Légion d'Honneur, je la mérite.

— Crois-tu vraiment ? Tu penses peut-être qu'une addition favorable de statistiques suffit à justifier l'attribution de la Légion d'Honneur ? Ce que tu peux être naïf, mon pauvre Andreï.

— Mais enfin, où veux-tu en venir Miranda ? Qu'est-ce que tu insinues ?

— Oh, mais cela n'a rien d'une insinuation, Andreï. C'est une information, que je te livre avec le plus grand plaisir : ta Légion d'Honneur, ta *chère* et *vénérée* Légion d'Honneur, c'est *moi,* qui te l'aie obtenue, Andreï…

Le Commissaire marqua alors un silence, surpris par cette annonce insensée.

— C'est ridicule. Qu'as-tu donc encore inventé ? réagit-il finalement vivement.

— Oh, tu sais très bien Andreï, qu'il n'est pas dans mes habitudes de fabuler. Le mensonge fait partie de ton registre, et non du mien.

Le Commissaire ne répondit rien à cela. Il ne pouvait que le reconnaître. Il savait très bien que Miranda n'avait jamais eu besoin de mentir pour arriver à ses fins. Elle poursuivit :

— Cela n'a pas été facile. Loin s'en faut. Il a fallu toute l'influence de mon père.

— Ton père ?

— Oui, hélas, j'ai du faire appel à mon père. Ce fut l'aspect le moins appréciable de ma démarche. Tu connais les relations difficiles que j'entretiens avec lui... Mais sans son influence, cela n'aurait pas été possible. J'ai donc du me résoudre à le solliciter. Oh, ce ne fut pas facile. Mon père a du insister, âprement, mais le Ministre lui devait bien ce service...

— Et pourquoi ton père aurait-il accepté de faire ça pour moi ?

— Tu sais bien Andreï, que je sais me montrer très persuasive... Extrêmement persuasive même, lorsque je veux vraiment quelque chose... Enfin bref, j'ai fait ce qu'il fallait et j'ai obtenu que tu reçoives ce que tu attendais depuis toujours.

Le Commissaire, visiblement touché, eut alors du mal à se ressaisir. Un temps se fit avant qu'il ne réagisse :

— En admettant que ce soit vrai, pourquoi donc aurais-tu fait cela ?

Miranda se mit alors à rire, d'un rire glacial, qui semblait ne jamais devoir s'arrêter.

Soudain, excédé, Von Hartmann se leva d'un bond et s'écria :

— Tu es folle ! Je ne sais pas quelle motivation perverse t'a poussée à faire ça, et je ne tiens pas à le savoir. Cela ne m'intéresse pas ! J'en ai bien assez entendu de toute façon. Au revoir, Miranda !

— Non, je n'en ai pas fini Andreï. Pas encore…! aboya-t-elle aussitôt, survoltée.

— Je crois que si, riposta Von Hartmann. Et alors qu'il se tournait pour partir, Miranda s'écria :

— Assieds toi, Andreï !

A cette injonction assénée avec tant de fureur, le Commissaire s'arrêta, hésita, puis se tourna vers l'inconnu en ignorant l'ordre lancé par son ex-épouse :

— Je crois que vous avez ce que vous vouliez… Nous pouvons partir maintenant, le héla-t-il.

L'inconnu le considéra un instant, jeta furtivement un regard curieux vers Miranda, qui le lui rendit. Il déploya alors lentement son bras droit qui était encore posé, comme endormi, sur l'accoudoir du fauteuil, le passa calmement par dessus ce dernier et glissa sa main sous le siège. Puis, après avoir opéré une manipulation mystérieuse, s'empara d'un objet qu'il ressortit avec calme et qu'il pointa alors en direction du Commissaire.

L'inconnu braquait un révolver sur Von Hartmann, qui, les yeux écarquillés et totalement incrédule, se glaça de stupéfaction.

— Assieds toi, répéta alors Miranda, d'une voix soudainement beaucoup plus douce, mais dont la force du commandement se trouva armée d'une bien plus grande autorité.

Le Commissaire la regarda, interdit, d'une manière dont on devinait que s'animait en lui une profusion de sentiments confus dont la stupeur, la colère et probablement la peur s'y trouvaient mêlés avec le plus grand effarement.

— Qu'est ce que… souffla-t-il alors en direction de son ex-épouse, sans réussir à trouver ses mots.

Miranda, d'un sourire sinistre, réitéra son ordre, plus doucement encore, comme un murmure :

— Assieds-toi, Andreï.

— Enfin, Miranda, qu'est-ce que cela signifie, je ne comprends pas…, dit-il.

— Je crois que tu comprends très bien, Andreï, dénia-t-elle avec une satisfaction dont transpirait une jubilation onctueuse.

— Mais qui êtes vous donc ? interrogea alors le Commissaire en se tournant vers l'inconnu.

— Peu importe qui il est, répondit, Miranda sans laisser à l'homme le temps de répondre, mais qui n'en avait de toute façon pas l'intention. Cet homme travaille pour moi.

Le Commissaire encaissa ce nouveau coup, puis comme vaincu, poursuivit à l'adresse de l'inconnu :

— Alors, vous m'avez piégé…

— Tu commences à comprendre, Andreï, ricana Miranda.

— Il n'y avait donc pas de crime… Pourtant, ce regard…, dit-il en direction de l'inconnu.

— Rassures-toi Andreï, si cela peut te consoler, tu ne t'es pas trompé. Le crime est bien réel, dit Miranda.

— …

— Comprends-tu Andreï ? Ce crime dont il est question…, c'est le tien…, lança-t-elle avec une satisfaction jouissive.

— Le mien…? répéta Von Hartmann, abasourdi.

— Oui, le tien, jubila Miranda.

— Un crime passionnel… une vengeance de dix ans… souffla Von Hartmann, pour lui-même, se rappelant les propos que lui avait tenu l'inconnu alors qu'il était dans son bureau.

— Oui, Andreï, tu réalises à présent.

— Le jour précis où je dois être fait Chevalier de la Légion d'Honneur, ajouta-t-il dans un soupir accablé.

— Oui, Andreï, ce jour là, très précisément. Le jour où ton plus grand rêve allait être réalisé. Le jour où ta gloire allait être scellée.

Miranda marqua un silence, laissant le temps à ses mots assassins de mieux le pénétrer, puis elle reprit, cruelle :

— Ce jour là, Andreï, celui qui devait marquer ton triomphe, sera celui de *ta déchéance*, assena-t-elle avec tranchant, comme pour porter le coup fatal.

Le Commissaire vacilla, touché.

Un temps passa, le temps qu'il réalise et comprenne vraiment :

— … Et tu as fait en sorte que je l'obtienne pour pouvoir… me la retirer…

Miranda lui répondit d'un léger rire sardonique. Elle jubilait.

Le choc fut immense et intense.

— Tu m'as volé ma Légion d'Honneur… Tu m'as pris tout ce qui comptait pour moi… Tu es… démoniaque, murmura-t-il enfin, stupéfait par la manœuvre incroyablement perverse dont il avait été l'objet. Mais enfin, pourquoi ?

Miranda, devint alors encore plus amère, le regard enflammé, une écume effroyable se matérialisant sur ses lèvres grasses :

— Comment as-tu pu imaginer que j'oublierais ce que tu m'as fait ? Comment as-tu pu envisager un seul instant que tu t'en sortirais comme ça… ? Tu as brisé ma vie, tu m'as humiliée, trahie, assassinée…! Le criminel, c'est toi ! Et aujourd'hui, tu vas payer pour ce que tu m'as fait…!

— Tu es folle !

— Oui, j'ai été folle d'amour Andreï et tu m'as anéantie, sans aucune raison. Tu dois être châtié pour cela !

Le Commissaire, probablement animé par un profond instinct de survie, sembla alors retrouver un peu d'assurance. Il releva la tête, dont le port s'était peu à peu affaissé, sous l'assaut terrible de ce qui venait de lui être révélé, et il leva un doigt accusateur en direction de Miranda, comme si celui-ci venait d'être réinvesti de sa fonction policière. Puis il gronda sur un ton qui se voulait à la fois menaçant et moqueur :

— Tu ne peux pas m'assassiner, comme cela, chez toi. C'est grotesque.

— Tu crois cela…? rétorqua Miranda avec un sourire.

— Tu oublies que je suis Commissaire de Police… !

— C'est un détail.

— Un détail ? Tu crois qu'on peut assassiner un Commissaire de Police, comme cela, aussi facilement !

— Tu as perdu le sens des réalités, mon pauvre Andreï, un Commissaire de Police s'assassine aussi facilement que n'importe qui. Il n'est pas doté d'une cuirasse naturelle qui le mettrait à l'abri des balles de révolver, ironisa-t-elle avec légèreté.

— C'est cela, amuse-toi. On ne tue pas quelqu'un comme ça, de sang froid... Tuer un homme, ce n'est pas rien.

— Sur ce point, tu as raison. Je savais très bien que je n'aurais pas la force d'appuyer moi-même sur la détente. C'est pourquoi j'ai fait appel à quelqu'un dont c'est le métier. Un homme qui n'hésiterait pas lui, le moment venu. Un être froid, glacial, dépourvu de tout sentiment. Quelqu'un comme toi, Andreï. Puis, tournant alors son visage vers l'inconnu, elle poursuivit sur un ton parfaitement neutre : cet homme est un professionnel. Il va t'exécuter, purement et simplement. Ensuite, il se chargera de faire disparaître ta pitoyable carcasse. Il a l'habitude. Je n'aurai même pas à me salir les mains.

— Tu ne t'en sortiras pas comme ça !

— Crois-tu Andreï ?

— On s'alarmera de ma disparition, une enquête sera menée, on remontera jusqu'à toi ! Tu n'auras pas le temps de savourer ta vengeance que des menottes te seront déjà passées aux poignets. Et sais-tu ce que c'est la prison, Miranda ? En as-tu la moindre petite idée ?

— Que tu es pathétique Andreï, le coupa-t-elle. Comment penses-tu que tes inspecteurs feront un tel rapprochement ?

— Quand un homme est assassiné, sa femme est la première personne que l'on suspecte, lança-t-il sans conviction.

— Sa femme ? Mais je ne suis plus ta femme, Andreï... Depuis plus de dix ans. Tu as oublié ? Et nous ne nous sommes plus jamais reparlés depuis notre divorce... Je suis riche, alors que toi non. Il n'y a plus rien qui nous relie, Andreï, d'aucune manière que ce soit. Tu es un homme pitoyable, mais tu es un excellent policier. Tu sais très bien que rien ne pourra remonter jusqu'à moi.

— Tu oublies cet homme, riposta-t-il en désignant le tueur qui le braquait toujours avec son révolver.

— Cet homme ? répéta-t-elle sur un ton légèrement amusé. Mais Andreï, personne ne sait qui il est... Il n'a pas donné son identité. Tu es tellement vaniteux que tu t'es laissé berner comme un débutant. Tu l'as suivi gentiment, avec tellement d'assurance et d'arrogance que tu n'as prévenu personne de ton départ. Personne ne sait où tu es allé, Andreï. Personne ne sait que tu es venu ici. Et personne ne le saura jamais. Nous avons pris toutes les précautions. Nous avons même fait en sorte que tu ne m'appelles pas avec ton téléphone. Rappelles-toi : tu as appelé avec son téléphone portable, dit-elle, en désignant son complice. Il t'a demandé d'ouvrir la fenêtre, en prétextant la chaleur qu'il régnait dans ton bureau. C'était pour profiter de ce moment pour débrancher le câble de ton téléphone, et afin que celui-ci devienne inutilisable. Tu m'as alors appelé avec le téléphone qu'il t'a si aimablement proposé, et qui disparaîtra avec ton corps. Il n'y aura donc aucune trace de ton appel chez moi. Tu vois, j'ai beaucoup appris à tes côtés… Ce sera un crime parfait.

— Les crimes parfaits n'existent pas, répliqua-t-il.

— Peut-être, mais s'ils n'existaient pas jusqu'à présent, l'affirmation sera bientôt caduque. Un crime sans mobile identifiable. Un corps que l'on ne retrouvera pas. Un auteur que rien ne relie à toi et qui va disparaître dans la nature, pour d'autres missions, aux quatre coins du globe. C'est bien ce qu'on appelle un crime parfait. Tes inspecteurs chercheront quelque temps, puis ils se lasseront. Ton dossier rejoindra la pile de ceux pour lesquels il n'y a plus rien à faire. Et moi, je savourerai ma vengeance avec une intense délectation… conclut-elle avec volupté.

Défait, le Commissaire s'effondra, les yeux hagards, défigurés. Il saisit alors son visage de ses mains tremblantes comme si toute l'horreur de ce qu'il réalisait lui dévorait les traits.

Il réalisait que ses derniers instants étaient arrivés.

IV

« Pourquoi, Miranda ? souffla le Commissaire, d'un air résigné. »

— Tu sais pourquoi, Andreï… répondit très calmement Miranda, tel un bourreau animé d'une douce compassion, au moment ultime de la mise à mort.

— Ce soir là…?

— Oui…

— Quand je suis venu te trouver dans ta chambre…

— Oui…

— Et que je t'ai dit… murmura le Commissaire, le visage déformé par l'émotion.

— … Et que tu m'as dit ces choses…

— Affreuses…

— Abominables…

Le Commissaire ferma alors les yeux. Miranda l'observa avec intensité.

Le Commissaire ouvrit ses paupières, découvrant des yeux embrumés, puis soupira :

— Je voudrais en avoir perdu le souvenir.

— Je ne les ai jamais oubliées non plus, Andreï.

— Je voudrais qu'elles n'aient jamais été dites…

— Je me les suis rappelées, chaque soir, depuis toutes ces années… ajouta Miranda, avec une étrange distance.

Le Commissaire resta silencieux, la gorge serrée.

— Veux-tu les entendre ces choses, Andreï ?

— Non ! réagit le Commissaire dans un sursaut.

— Il le faut Andreï…

— Non…, répéta le Commissaire, plaintif.

— Tu dois te souvenir parfaitement…

— Non, supplia-t-il.

— Tu es arrivée près de moi…, commença Miranda, ignorant son désarroi.

Le Commissaire se prit alors le visage entre les mains. Miranda poursuivit :

— J'étais assise à ma coiffeuse, je peignais mes cheveux, heureuse, t'attendant, comme chaque soir. Peut-être allions nous faire l'amour, songeais-je…

183

Silence du Commissaire.

— Tu t'es assis sur le bord du lit, tout près de moi…

— …

— Tu as commencé à me parler tout bas, comme on parle d'amour, comme on parle à la femme que l'on aime…

— …

— Et puis tu m'as dit…

— …

— Tu m'as dit : « Miranda, je ne t'aime pas, je ne t'ai jamais aimée. Je t'ai épousée par dépit, car il le fallait, pour mon image, pour ma carrière, pour ta fortune, pour ton illustre famille. Mais je ne peux plus jouer cette comédie. Je dois partir. Tu dois me laisser partir… ».

— …

— Je t'ai regardé au travers du miroir où tu te reflétais, glacée de stupeur, horrifiée. Et là, j'ai vu. J'ai vu tes yeux. J'ai su que tu ne plaisantais pas. J'ai vu cette haine froide dans ton regard. Alors tu as poursuivi : « Miranda, tu dois l'accepter. C'est difficile, mais c'est ainsi. Cette fois, tu vas me laisser partir… Tu me laisseras partir, sinon… je te tuerai. Je t'étranglerai dans ton sommeil. Je signalerai ta disparition, je lancerai un avis de recherche, je mènerai moi-même les investigations… Mais on ne te retrouvera pas. On ne te retrouvera pas car je sais faire disparaître un corps. On ne te retrouvera jamais Miranda… Alors demain, je ferai mes valises, tu t'absenteras pour la journée, et quand tu rentreras, le soir, je ne serai plus là. Et cette fois, tu ne feras rien pour me faire revenir.»

— ...

— Alors, tu as quitté notre chambre. Tu m'as laissée ainsi, seule, déchirée, dévastée. Tu as passé la nuit dans la chambre d'amis. Et je t'ai laissé partir. Le lendemain, tu as disparu de ma vie...

— ...

— Mais tu dois savoir...

— Oui... susurra le Commissaire en la regardant à nouveau avec peine, les yeux emplis de honte.

— Je ne t'ai pas laissé partir en raison de tes menaces, Andreï. Si je t'ai laissé partir, c'est parce que je t'aimais. Tellement. Si profondément. Je t'ai rendu ta liberté par amour.

— ...

— Mais toi, ce soir là, Andreï, tu m'as assassinée, froidement, cruellement. Tes mots furent telle une lame affutée qui transperça mon cœur, millimètre par millimètre. Mon agonie a duré dix ans.

— ...

— Mais en même temps que je souffrais, ma haine s'est attisée, chaque jour plus forte, chaque jour plus violente, et durant toutes ces années, mon envie de me venger et de te tuer a grandi, devenant de plus en plus virulente, dit Miranda, en changeant de ton, devenant plus cassante. Puis elle ajouta, plus douce : pourtant, malgré moi, et dans le même temps, mon amour pour toi ne faiblissait pas. C'était comme si mon amour nourrissait ma haine et que cette haine grandissante renforçait cet amour, et l'empêchait de disparaître.

— Tais-toi…

— Tu dois savoir Andreï. Avant de mourir… Cette haine et cet amour se sont enrichis, nourris l'un de l'autre, inexorablement, pour ne devenir qu'un sentiment unique, fusionné : un amour haineux, qui est devenu tellement puissant, insupportable, comme une torture lancinante qui me dévorait et me détruisait chaque jour davantage…

— …

— Jusqu'au jour où j'ai compris que je ne pourrais en être défaite qu'en te tuant, pour me libérer, pour me sauver de ton emprise…

Le Commissaire se tenait toujours le visage entre les mains, replié sur lui-même. Il avait perdu jusqu'à l'apparence de sa supériorité. Il était anéanti.

— Adieu, Andreï, acheva Miranda d'une solennité triste, dramatique.

Alors, elle se tourna vers le tueur, le visage glacé, puis asséna :

— Allez-y, finissons-en.

L'homme leva son arme, puis la dirigea en direction du Commissaire.

« Attendez…, dit le tueur, qui s'exprima pour la première fois. »

— Qu'y a t-il ? s'offusqua Miranda, vivement contrariée. Il est temps d'en finir à présent. Exécutez cet homme. Tout est dit, répliqua t-elle, sur un ton sans appel.

— Il y a quelque chose que je ne comprends pas, poursuivit le tueur, ignorant l'injonction.

— Je ne vous ai pas payé pour comprendre, mais pour me ramener cet homme et l'exécuter devant moi. Alors finissons-en, voulez-vous, l'invectiva Miranda, hautaine et impatiente.

— Ne trouvez-vous pas surprenant que cet homme réputé infaillible, ce Commissaire hors normes, à la carrière plus qu'exemplaire, cet homme aussi dur et inflexible qu'un séquoia centenaire, dont la presse s'émerveille chaque jour des exploits, eh bien, que cet homme là se présente à vous avec autant de docilité... ? insista le tueur.

— C'est qu'au fond, cet homme est un faible. Il n'y rien de surprenant à ce que sa faiblesse surgisse et se révèle aussi tristement, pour peu que l'on sache où le frapper, répliqua Miranda, insensible et sarcastique.

— Aussi soudainement, alors qu'il n'avait jamais failli jusqu'alors…

— Sa lâcheté était enfouie, dissimulée sous la couche épaisse d'une bravoure illusoire. La menace d'une arme a toujours facilité l'émergence de la lâcheté. L'imminence de sa mort ne fait que révéler sa pitoyable bassesse. Je ne m'attendais pas à une autre réaction de sa part, assena Miranda, avec encore plus de mépris.

— Lorsque j'étais avec lui au Commissariat, dans la sécurité retranchée de son bureau, et alors qu'il céda à mes manœuvres, il n'était pas placé sous la pression d'un canon de révolver.

— Lâche et vaniteux. Il ne pouvait admettre de perdre la face. Cette seule éventualité a fissuré ses remparts, exactement comme nous l'avions prévu. Pourquoi s'en étonner ?

— Elle a raison, je suis lâche. Je mérite cette sentence, intervint le Commissaire, la voix basse et l'air hagard, sa résistance ayant alors probablement atteint ses dernières limites.

— Vous voyez, il admet lui-même sa lâcheté. Pourquoi hésiter ? s'exclama Miranda avec satisfaction.

— Vous vouliez le supprimer parce qu'il a été abominable avec vous. Vous dites maintenant vouloir le tuer car il est lâche. Vos motivations sont contradictoires, répliqua le tueur.

— On peut être abominable et lâche, et ainsi mériter encore davantage la mort pour l'addition de ces deux motifs, dit Miranda.

— Je suis abominablement lâche... ajouta le Commissaire.

— Ah...! Que vous faut-il de plus ? jubila Miranda, triomphante.

— Cet homme est accablé. Il ne sait plus ce qu'il dit, justifia le tueur.

— L'a-t-il jamais su...?

— Il n'y a qu'une seule chose que j'aie jamais vraiment sue, intervint à nouveau le Commissaire, reprenant un peu de consistance.

— Tiens donc. Et peut-on savoir laquelle ? répliqua Miranda. Tu peux considérer cela comme la dernière parole du condamné, ajouta-t-elle avec hauteur.

— Je t'ai aimé, Miranda, répondit le Commissaire, triste, les yeux embrumés.

— Je te savais lâche et menteur, mais là, cela dépasse tout : tu es méprisable de vilénie, tu es confondant d'ignominie. Tu es indigne de tout. Tu es sale. Tu me dégoutes au point de me donner envie de vomir. Comment oses-tu ? C'est inqualifiable, même pour sauver ton insignifiante existante. Tu es décidément lamentable et sordide. Je ne peux pas en supporter davantage. Abattez-le, maintenant ! s'emporta Miranda, le regard fulminant.

— Je t'ai aimé au delà de mes forces, Miranda, reprit le Commissaire, ignorant la tirade. Je t'ai aimé au point qu'il m'était impossible de l'accepter, impossible de le supporter. Je t'ai quittée par amour. Je t'ai quittée car mon amour pour toi me détruisait, me consumait, comme une flamme bien trop vive, comme une puissance néfaste qui m'irradiait mortellement. Je t'ai quittée pour apaiser mon cœur et sauver mon âme. Je suis si soulagé de pouvoir te l'avouer enfin. Je sais qu'il t'est impossible de me croire. Pourtant…

— Abattez-le ! le coupa-t-elle, en rugissant avec désespoir, semblant soudain plongée dans un état second, rageuse, éperdue, paniquée. Qu'attendez-vous donc !

Mais le tueur n'appuya pas sur la détente du révolver, qu'il tenait toujours braqué sur le Commissaire.

— J'ai sacrifié mon amour pour toi, Miranda, conclut le Commissaire avec fatalisme.

— Comment oses-tu me parler d'amour ? Comment oses-tu parler de sacrifice ? Tu ne connais rien à l'un, ni à l'autre. S'abandonner par amour, ce n'est pas cela Andreï ! vociféra Miranda avec rage.

— Mon sacrifice ne fut pas ordinaire, c'est vrai. On peut sacrifier son amour pour que l'être aimé survive. Moi, j'ai renoncé à mon amour pour toi car il m'était impossible de vivre avec.

— Etes-vous toujours certaine de vouloir tuer cet homme ? interrogea le tueur.

— Plus que jamais. Abattez-le ! Je vous l'ordonne ! s'emporta-t-elle, rageuse, sinon…

Le tueur la considéra alors avec un sourire empli d'audace.

— Sinon, quoi ? répondit-il simplement, tout en braquant désormais son arme dans sa direction.

— Qu'est-ce que vous faites ? s'affola Miranda, offusquée et paniquée. Je vous ai payé chèrement pour exécuter cet homme, je vous ordonne d'honorer votre contrat !

— Elle a raison. Vous devez honorer votre contrat, la soutint le Commissaire. Abattez-moi, ordonna-t-il tout en se levant théâtralement et en offrant son buste pour cible, bras ouvert et poitrine déployée.

— Pourquoi tant d'empressement, subitement ? interrogea le tueur en s'adressant à Miranda, feignant d'ignorer l'acte d'abandon insensé du Commissaire. Vous avez attendu dix ans pour assouvir votre vengeance. Vous pouvez encore attendre un instant. Auriez-vous peur de flancher ?

— Sa lâcheté est insupportable, répliqua Miranda, rouge de colère. Vous avez entendu ? Oser me dire qu'il m'a aimée et qu'il m'a quittée par amour, c'est ignoble. Je ne peux pas en entendre davantage ni attendre une seconde de plus. Débarrassez-moi de lui !

— Bien sûr qu'elle ne peut pas me croire, dit le Commissaire au tueur, poignant. Je lui ai tellement menti. Comment le pourrait-elle ? Faites votre travail. Ces atermoiements n'ont pas de sens.

— J'ai des principes, dit le tueur en changeant de ton.

— Des principes…! Laissez-moi rire, grinça Miranda, mauvaise. De quels principes peut bien se prévaloir un tueur à gages ? Empocher des sommes aussi indécentes pour exécuter une si misérable besogne ! Au fond, vous ne valez guère mieux que lui.

— Pardon, Madame, mais je ne vous permets pas, dit le tueur, piqué au vif. D'une part, ma besogne n'est pas misérable mais hautement vertueuse, au contraire : j'éradique de ce monde imparfait les êtres indignes d'y rester. J'interviens là où la justice elle-même, suprême instance régissante de l'humanité, est impuissante. Quant à mes gages, d'autre part, comparés à ceux pratiqués par d'autres - bien moins affûtés que moi - je ne les trouve pas si extravagants, vous pouvez me croire. Quand on songe de surcroît au sujet - un Commissaire de Police de haute volée – je peux vous dire qu'ils sont relativement modestes.

— Combien, à propos ? interrogea le Commissaire, en professionnel chevronné du crime.

— Cinquante mille euros, répondit le tueur.

— Ce n'est pas tellement, consentit le Commissaire.

— Vous voyez, dit le tueur, satisfait. Enfin, sachez Madame, et je confirme, que je suis bien pourvu de principes, et pas des moindres : je ne supprime que ceux dont j'ai la certitude qu'ils le méritent véritablement. Je ne suis pas un bandit, mais un justicier. Parfaitement, un justicier ! dit-il en reprenant de la hauteur. Donc, là, j'hésite.

— Comment cela, vous hésitez ? riposta Miranda, incrédule. Vous n'avez donc rien entendu ! N'avez-vous pas entendu ce qu'il m'a dit, ce soir là, et tout le reste, tout ce qu'il m'a fait subir : toutes ces bassesses, toute cette infamie, ces tortures de l'âme dont il m'a assaillie durant tout le temps de notre mariage ? Mais où se placent donc vos fameux principes ? Au niveau de la stratosphère ? Elle prit alors un ton moqueur. Quels méfaits faut-il donc accomplir pour subir votre justice impériale ? Tyranniser une ethnie ? Anéantir une religion ? Eradiquer un peuple ? Faut-il avoir égorgé sa mère, éviscéré son père, ébouillanté son enfant ?

— Certes, cet homme a failli. Je vous l'accorde. Pour cela, il mériterait sa sentence.

— Alors ! Où est-donc le problème ?

— Le problème, c'est qu'il semble avoir agi par amour.

— Et quand bien même ! Si l'on admettait que tout son galimatias soit sincère – ce dont il serait plus prudent de douter, mais admettons – ça n'excuserait rien ! L'amour n'excuse pas tout, Monsieur.

— L'amour n'excuse peut-être pas tout, mais peut excuser beaucoup.

— Ah, parce que vous vous y connaissez, vous, en amour ? siffla Miranda avec ironie.

— Oui, figurez-vous que j'ai tué par amour, un jour… répliqua le Tueur, touché. Puis il poursuivit avec nostalgie, les yeux dans le vague : elle s'appelait Cassandra. Elle avait des yeux de velours, une chevelure de soie, un visage enluminé de satin, une silhouette gracieuse comme une étoffe chamarrée soulevée légèrement par un vent du sud, des mains de dentelle…

— Elle avait plutôt l'air d'une poupée de chiffon… le coupa Miranda, caustique.

— ... Je l'aimais tellement... poursuivit le Tueur, le regard perdu, ignorant la remarque. Pour elle, je me suis perdu dans les abimes de la volupté, j'ai traversé des océans d'éternité, j'ai parcouru des déserts de contemplation, j'ai connu la terre des souffrances...

— La terre des souffrances... j'ai déjà entendu cela quelque-part...

— Oui, c'était dans un film... précisa le tueur, sortant de sa torpeur. *Dracula*, je crois..., de Francis Ford Coppola... Un chef d'œuvre du cinéma,... Enfin, bref, j'ai tellement souffert...

— Un aventurier romantique qui aurait attrapé le scorbut des explorateurs de l'amour en somme... Touchant...

— Pour elle, j'ai tout donné,... continua le tueur. Et tout perdu... Un jour, il y a eu cet homme, Alejandro. Elle prétendait qu'il ne serait toujours qu'un excellent ami. Mais il était si beau. Son visage ténébreux semblait tiré d'une fresque vénitienne. Sa peau paraissait doucement patinée par le soleil d'une île australe, ses yeux noirs et rieurs reflétaient une sensualité sauvage. Il avait une bouche généreuse au sourire mélancolique, une chevelure animale et satinée coulant le long de son cou telle une pluie d'étincelles, une fossette sur son menton large qu'on aurait dit creusée par le doigt d'un ange, les épaules et le buste puissants d'un athlète sorti victorieux des jeux d'Athènes, un corps où tous les muscles saillaient comme animés d'une force surnaturelle… J'aurais du me méfier, j'aurais du voir… Alors je l'ai punie, par amour… Elle aurait du savoir résister à cet éphèbe… Le tueur sortit alors de sa rêverie, amer, le regard décidé, fier. Alors, voyez-vous, le crime passionnel, je connais. Mais je reste un romantique…

— Oui, enfin, en attendant, moi, j'ai une vengeance à assouvir et je n'ai personne d'autre sous la main. Alors vos états d'âme, ils ne m'arrangent pas. Et puis, j'ai payé d'avance, je vous le rappelle.

— Je vous rembourserai, dit le tueur, bon prince.

— Ça ne règle pas le problème.

— Tout de même, j'y tiens : l'honneur de la profession !

— Qu'est-ce que vous nous chantez-là ! railla Miranda. Depuis quand les tueurs à gages sont-ils pourvus d'un sens de l'honneur ?

— Mais depuis toujours, dit le tueur avec fierté. Que croyez-vous ? La profession de tueur à gages possède ses règles, ses codes, sa déontologie… et son honneur, comme toutes les professions.

— Mais qui vous a donc enseigné de telles énormités ? s'indigna Miranda, atterrée.

— Mon père !... répondit le tueur, encore plus fier.

— Votre père ? siffla Miranda.

— Oui, mon père. Il était tueur à gages, comme mon grand-père, d'ailleurs. Dans ma famille, nous sommes tous tueurs à gages, de père en fils, depuis plusieurs générations. C'est une tradition.

— Mon Dieu !... souffla Miranda, effarée, se prenant le visage entre les mains.

— C'est mon père qui m'a tout appris, déclara le tueur, le front haut, le menton droit. L'honneur y compris...

— Et qu'allons-nous faire...? expira Miranda, lasse. Vous ne voulez plus le tuer. Quant à moi, c'est inconcevable. Alors ? Qu'allons-nous faire... ?

— Je ne sais pas, admit le tueur, gêné

— Vous ne savez pas ? l'apostropha Miranda avec colère. C'est un peu facile, ça comme réponse !

— Je suis désolé, c'est la première fois que cela m'arrive, répondit le tueur, penaud.

— C'est une fois de trop. On ne peut tout de même pas le laisser partir, ce sera la prison assurée. Il aura à peine retrouvé sa brigade qu'une armée de policiers sera lancée à nos trousses. Je ne donne pas cher de notre peau.

— Ça, c'est sûr. Il ne faudra pas longtemps, remarqua le Commissaire.

— Vous voyez bien, nous sommes coincés, dit Miranda.

Un long silence se fit alors, chacun semblant réfléchir de son côté.

— J'ai peut-être une idée, lança soudain le tueur, se peignant d'une lueur d'espoir.

— Dites toujours, dit Miranda sans entrain.

— Je pourrais faire appel à un collègue, Jean-François. Il me doit beaucoup. Puis il ajouta à l'adresse du Commissaire : c'est un nom de code, évidemment.

— Et il n'a pas vos principes, votre collègue ? s'enquit Miranda, semblant peut-être intéressée, mais rétive.

— Non, c'est un japonais, répondit le tueur, se voulant rassurant.

— Et alors, ils n'ont pas de principes les Japonais ? s'étonna Miranda.

— Non, ou plutôt si.

— Il faudrait savoir.

— Le tueur à gages japonais est froid, sans état d'âme, exposa le tueur avec un certain respect et une pointe d'admiration. Il ne pose pas de question, il ne réfléchit pas. Il exécute, un point c'est tout. Il ne s'embarrasse pas de sentiments. Quand le contrat est signé, il exécute, point final.

— Vous feriez bien d'en prendre de la graine, ricana Miranda avec aigreur.

— Il faut bien reconnaître, le tueur à gages japonais est efficace, commenta le Commissaire.

— J'aurais mieux fait d'engager le japonais, siffla Miranda, encore plus aigre. Il serait disponible votre japonais ? interrogea-t-elle.

— Je ne sais pas, répondit le tueur sur un ton hésitant. La semaine dernière, il était en Irlande. Pour un curé.

— Un curé ? Les curés aussi se font exécuter ? se surprit Miranda.

— Evidemment, répliqua le tueur. Personne n'est à l'abri. Pas même les curés. Notre profession est universelle. Elle touche tout le monde, elle n'épargne personne.

— Tout de même, un curé… remarqua Miranda.

— De ce que je sais, il semblerait que l'individu ait eu des agissements fort peu catholiques… dit le tueur. Que voulez-vous… Enfin, vous voyez, la profession n'épargne vraiment personne.

— En attendant, elle épargne mon ex-mari et je n'ai pas l'impression que c'est votre japonais qui va combler vos lacunes.

Un silence se fit alors, lourd, embarrassé, perplexe.

Soudain, le Commissaire intervint, s'adressant à Miranda, un pétillement curieux dans les yeux :

— Miranda, j'ai peut-être une solution…

— Eh bien, dis toujours, au point où nous en sommes, consentit Miranda, sceptique mais consentant à l'écouter.

Le Commissaire hésita, puis se lança, vibrant :

— Et si tu me pardonnais ? Et si tu acceptais… de me donner une seconde chance ?...

— Mon pauvre Andreï, tu es décidemment fou, ou désespéré ! souffla Miranda, semblant à la fois horrifiée mais touchée malgré elle. Comment peux-tu imaginer une seule seconde que je puisse te pardonner ! Et te donner une nouvelle chance... ! Comment peux-tu envisager une chose pareille ? Qu'est-ce qui pourrait justifier que je puisse oublier tout ce que tu m'as fait ?

Le Commissaire se leva subitement et vint s'agenouiller auprès de Miranda, lui prenant les mains.

— La peur Miranda, s'exclama-t-il comme s'il dévoilait un secret trop longtemps contenu et dont l'aveu le soulageait.

— La peur…? répéta Miranda, soudain étrangement fébrile, troublée par le contact de ses mains.

— Oui, Miranda, confirma le Commissaire, encore plus vibrant. C'est la peur qui fut responsable de tout. Une peur qui m'a fait perdre la tête. Une peur que je n'ai jamais pu surmonter, qui était incontrôlable…

— Mais Andreï, tu ne peux pas te retrancher derrière la peur ! Pas toi ! répliqua-t-elle, se sentant faiblir contre sa volonté, mais tentant de résister.

— Crois-tu que je sois épargné par la peur ? Parce que je suis Commissaire ? La peur est partout, Miranda, omniprésente, elle n'épargne personne. Pas même moi.

— Tu ne peux pas me dire ça Andreï, résista Miranda, mais ne retirant pas ses mains de celles de l'homme qu'elle avait tant aimé. Tu ne peux pas justifier ce que tu m'as fait par la peur. La peur ne peut pas tout permettre. Cette peur, dont tu parles, ne peut pas excuser… ta fuite abominable.

— Détrompes-toi, Miranda, répliqua le Commissaire, pénétrant et prenant confiance, en la sentant faiblir. La peur influe tellement sur nos vies. De manière tellement tragique parfois. C'est ce que mon métier m'a appris. C'est ce que la vie m'a appris. Elle est partout, dans chacun de nos actes, dans chacune de nos paroles, dans chacune de nos pensées.

— Mais de quelle peur parles-tu, Andreï ? demanda Miranda, trop conciliante malgré elle.

— Mais de toutes les peurs, répondit le Commissaire, se voulant touchant et sincère. La peur de la vie, la peur de la mort, la peur de souffrir, la peur de ce que sera demain, la peur du rejet, de l'abandon, de l'échec, de la réussite, de la tristesse, du bonheur… la peur de l'amour… de l'amour… extrême…

— De l'amour… extrême ? répéta Miranda, très troublée.

— Oui, Miranda, de l'amour total, absolu. De cet amour assassin qui submerge tout, qui glace le sang, fait bouillir le cerveau et dissout l'âme. Cet amour qui étrangle, qui étouffe, qui fait suffoquer… Cet amour qui détruit, qui pulvérise, qui anéantit…

— Mon pauvre chéri. Que t'est-il donc arrivé ? gémit Miranda, semblant soumise à d'indicibles tourments intérieurs.

— J'ai simplement réalisé que nos vies sont semblables à une mer sans horizon, agitées par une houle incessante que constitue cette peur, qui nous entraine, nous ballote, et parfois, nous fait chavirer. J'ai fui cet amour si fort, si violent, si profond que je m'y serais noyé… Je t'ai épousée parce que je pensais t'aimer assez. Je t'ai quittée car j'ai réalisé que je t'aimais trop.

— Je ne sais plus quoi penser Andreï, dit Miranda, terriblement affectée, bouleversée, perdue. Tout cela me dévoie et me fourvoie.

— Eh bien moi, tout cela m'a remis les idées en place, intervint sèchement le tueur, reprenant subitement du volume. Un Commissaire qui flanche par amour, j'avoue que ça me touche, mais un Commissaire qui flanche parce qu'il a peur, ce n'est plus la même chose. Ça me dérange. Ça me contrarie. Et pour tout dire, ça m'irrite fortement. On ne peut quand même pas tout admettre ! Tout compte fait, je vais l'honorer ce contrat, et séance tenante, dit-il en brandissant d'un air volontaire son arme en direction de l'intéressé.

« Non ! », s'exclama alors vivement Miranda.

La force de l'injonction surprit vivement le tueur, et le contraria tout autant. Toute cette histoire prenait l'allure d'une farce dangereuse qui risquait fort bien de lui causer les plus graves ennuis. S'il laissait les choses en l'état, il n'échapperait pas aux conséquences pénitencières de cette affaire. Sans compter que sa réputation en serait salement entachée, inévitablement. Il devait exécuter ce Commissaire, et ce malgré les velléités repentantes de sa commanditaire.

Le Commissaire, qui n'avait rien perdu des pensées nocives et tourmentées du tueur, et ragaillardi de surcroît par les aspirations nouvelles de

Miranda, retrouva soudain tout son allant. Ses pensées et son sang ne firent qu'un tour dans son corps de policier chevronné. D'un élan spontané, vif et puissant, il se déploya et bondit en virevoltant sur le tueur.

Surpris, ce dernier n'eut pas le temps d'actionner son arme, qui demeura aussi silencieuse qu'inoffensive. Tout juste eut-il le temps de brandir de grands yeux ronds, ce qui ne suffit pas à neutraliser le véloce et tourbillonnant policier qui fondit sur lui avec une hostilité rugissante. Sous le choc, l'arme d'acier s'échappa de la main stupéfaite du tueur et vint choir lourdement sur le tapis, qui, pacifiste dans l'âme, éprouva un vif embarras à se voir encombré d'un si inopportun invité.

Une lutte musclée s'engagea. Les deux hommes, entraînés au combat au corps-à-corps, se livrèrent une bataille acharnée. Les deux corps entremêlés roulaient avec frénésie. Tantôt l'un se trouvait juché sur l'autre, tantôt le rapport de force s'inversait et l'autre se retrouvait sur son adversaire. Les coups pleuvaient. Des gémissements essoufflés se faisaient entendre. L'affrontement était âpre.

À ce moment-là, personne n'aurait pu en prédire l'issue.

Soudain, un coup de feu retentit.

À l'inverse de la détonation qui met en mouvement les participants à une course d'athlétisme, celle-ci immobilisa brutalement les deux combattants.

La bouche de Miranda s'ouvrit alors en grand, tandis que ses deux mains se précipitèrent au devant de ses lèvres ouvertes, comme pour y intercepter un cri qui s'annonçait strident, mais qui resta figé dans sa gorge, tant la stupeur qui l'accompagnait neutralisa ses cordes vocales et empêcha le hurlement de se produire.

Un instant d'éternité passa.

Le tueur, qui était alors couché sur le Commissaire, se souleva très légèrement, puis se tourna vers Miranda.
— Je crois qu'il est mort, déclara-t-il.
— Mais qu'avez-vous fait ! gémit Miranda avec horreur.
— Mais rien, se défendit aussitôt le tueur. Le coup est parti tout seul.
— Vous l'avez tué ! gémit-elle de plus belle.
— Techniquement non, expliqua le tueur. Regardez, c'est lui qui tenait le révolver, ajouta-t-il en se relevant pour permettre à Miranda de voir la main du Commissaire dans laquelle l'arme reposait encore.

Miranda observa l'objet de mort, puis le corps de son ex-mari, gisant, inerte. Et son visage se voila.

— C'est un accident, insista le Tueur, gêné.

— Taisez-vous… l'implora-t-elle.

Miranda se rapprocha alors du Commissaire trépassé, s'agenouilla doucement à ses côtés et le prit dans ses bras.

On dit que de l'amour à la haine, il n'y aurait qu'un pas.

Mais de la haine à l'amour, n'y aurait-il pas ce même pas tout aussi ténu ?

La confession intime que lui fit son ex-époux sur la nature véritable de ses sentiments fut assurément le théâtre de ce mouvement de cœur inverse. Les aveux déchirants qu'il lui livra au seuil de son exécution, sur cette peur insoutenable qui l'avait dévoré et qui l'avait conduit à la fuir, l'avaient émue à l'excès. Son amour pour lui avait alors ressurgi, aussi pur et intact qu'au plus fort de leur passion.

Au fond, cet homme n'avait jamais cessé d'être l'amour de toute sa vie.

Alors, elle pleura. Longuement.

Le Tueur, quant à lui, en bon professionnel de la mort, était insensible à de telles effusions et restait froid et silencieux. Il ne s'était pas attendu à un tel scénario. Cette femme au caractère rude et à la peau épaisse lui était apparue si forte, si effroyablement déterminée qu'il n'avait pas envisagé un instant qu'elle puisse ainsi s'effondrer devant le fait accompli.

Un long moment passa ainsi, dans ce silence écorché par les sanglots de Miranda.

Puis soudain, ses pleurs cessèrent. Elle se redressa. Son visage était déchiré, son regard perdu. Elle paraissait être désormais en proie à une sourde folie. Jamais Miranda ne s'était montrée si affectée. Elle semblait ne plus être la même femme.

Comment décrire l'état dans lequel elle se trouvait alors, dans quels indicibles tourments son âme se trouvait-être emportée ?

Un instant passa encore puis prenant une expression hargneuse, elle l'accusa :

— Vous avez tué mon mari !

Le Tueur hésita, surpris par ce ton si méprisant, qui lui parut alors terriblement injuste. L'attitude de sa commanditaire était tout de même insensée. Après-tout, il n'avait fait qu'exécuter ses ordres. Il hasarda finalement avec une certaine maladresse :

— Je me permets de vous préciser que ce n'était plus votre mari.

— Il est toujours resté mon mari ! Notre divorce ne nous a jamais désuni. Vous entendez ? Jamais ! Nous nous aimions ! Nous n'avons jamais cessé de nous aimer ! le fusilla-t-elle.

— Vous vous aimiez, vous vous aimiez… Je vous rappelle tout de même que vous vouliez le supprimer…, glissa-t-il à la manière dont un enfant se risquerait à répondre avec impertinence à son institutrice.

— Je ne vous permets pas de me juger, Monsieur la gâchette ! Vous ne connaissez rien à notre histoire ! Vous ne pouvez pas la comprendre ! Tout cela vous dépasse ! Notre amour fut hors du commun !

— Un amour hors du commun, moi je veux bien, mais un amour dangereux tout de même, pour le moins…

— Vous ne connaissez rien à l'amour ! Vous, avec votre histoire de poupée de chiffon perdue dans une mer du néant...

— Dans un océan d'éternité, la corrigea le tueur, mais ce n'était pas elle qui était perdue, mais moi, enfin mon amour pour elle, et…

— Oui, enfin avouez que c'est grossièrement fantasque, se moqua-t-elle avec mépris.

— Moins fantasque que d'engager un tueur à gages pour sortir votre Commissaire de sa brigade, de le ramener chez vous et de le faire liquider froidement. Et ça, le plus beau jour de sa vie…!

— Ça n'était pas le plus beau jour de sa vie !

— Comment cela ? Vous m'avez dit vous même qu'il n'y aurait pas meilleur jour pour l'assassiner, car cette Légion d'Honneur était ce qu'il attendait depuis toujours.

— Le plus beau jour de sa vie a été le jour où il m'a rencontrée…

— Voyez-vous cela ! Mais vous perdez la tête.

— Oui, la tête m'a tournée, par amour et… je me suis égarée…

— Egarée ! C'est tout ce que vous trouvez à dire…?

— Cet amour si éblouissant m'a aveuglée, puis ce fut le noir total. Je ne savais plus où j'allais. J'avais perdu mon chemin. Mais quand je l'ai revu, tout s'est éclairé, subitement.

— Subitement, subitement…, si je vous avais écouté, je l'aurais abattu au bout de dix minutes et nous n'aurions certainement pas cette conversation insensée… Je vous rappelle tout de même que c'est *moi*, qui vous ai poussée à réfléchir et à changer d'avis.

— Je ne me souviens pas de cela…

— Vous avez la mémoire courte !

— C'est aussi cela l'amour, quand il est si beau, il occulte tous les souvenirs, pour ne laisser que ceux qui vous ont tant pénétrés.

— Je vous en prie, épargnez-moi vos allusions salaces…

— Vous devenez grossier. Je vous ai supposé plus raffiné, à entendre tout à l'heure vos sensibleries romanesques.

— Ce n'est certainement pas vous qui me les avez inspirées…

— Evidemment, comment aurais-je pu poser les yeux sur un homme tel que vous…

— Que voulez-vous dire ?

— Vous devriez le comprendre.

— Dites toujours.

— Vous êtes insignifiant. Enfin, regardez-vous.

— Je trouve que j'ai un peu plus d'allant que votre Commissaire, fit-il, vexé, en désignant le corps du Commissaire gisant sur le sol.

Miranda regarda son ex-mari, allongé sur le ventre, dans une drôle de position.

— C'est vrai que la position horizontale ne l'a jamais avantagé, admit-elle avec douceur.

— Je ne trouve pas que la position verticale lui allait mieux.

— Que dites-vous ! Il était si beau debout : grand, droit, fier. Il avait tant de hauteur, de charisme… Hélas, par votre faute, il ne se relèvera jamais plus…

— Personnellement, je trouve que c'est mieux comme ça.

211

— De quoi vous mêlez-vous ? Vous n'avez pas à porter de jugement. Restez professionnel, je vous prie.

— Ça ne m'empêche pas d'avoir un avis. On peut rester professionnel et avoir une opinion.

— Certes, si vous la gardez pour vous.

— C'est plus fort que moi, quand j'ai un avis, il faut toujours que je le partage.

— C'est très regrettable.

— Vous n'êtes décidément pas très aimable.

— Comment voulez-vous que je sois aimable, vous venez d'assassiner mon époux.

— Je vous rappelle que c'est vous qui me l'aviez demandé... De toute façon, c'était un accident.

— Cela n'enlève rien au fait que vous soyez un assassin.

— Et vous le commanditaire d'un assassin. En droit, vous êtes aussi coupable que moi.

— Laissez le Code Pénal en dehors de cela, voulez-vous. Vous ne vous en tirerez pas avec une pirouette.

— Le Code Pénal, une pirouette... ?

— Dans votre bouche, tout me paraît pirouettes et rodomontades.

— Vous pourriez avoir un peu plus de respect. Je suis un tueur à gages haut de gamme, Madame.

— Haut de gamme ? Laissez-moi rire ! Et selon quels critères ? Le label des balles de révolver qui touchent au but de manière fortuite ?

— C'est la première fois que cela m'arrive.

— Que vous dites. Qui peut le garantir ? Si je n'avais pas été le témoin de vos manœuvres hasardeuses, personne ne l'aurait jamais su et vous auriez pu vous vanter d'avoir parfaitement mené votre exécution. Alors qu'en réalité, les aléas d'une lutte incertaine vous ont sauvé la mise. Et ce ne sont pas vos clients qui peuvent attester de la qualité de vos prestations. Vous échappez aux enquêtes de satisfaction, aux mesures de contentement, aux évaluations de qualité. Finalement, dans votre métier, il est très difficile de trier le bon grain de l'ivraie. Il suffit d'un peu de chance, d'une bonne dose de réussite et le tour est joué : on passe pour un bon professionnel. Alors qu'au fond, les seuls instruments qui assurent votre fiabilité, ce sont le fer à cheval, le trèfle à quatre feuilles et la patte de lapin !

— Vous avez une drôle de manière de me remercier.

— Je n'ai pas à vous remercier, vous n'êtes qu'un meneur de tombola.

— Vous êtes odieuse !

— Et vous un briseur de ménage.

— Enfin, c'est un comble !

— Un briseur de ménage, vous dis-je ! Regardez ce que vous avez fait, dit-elle en désignant le commissaire allongé sans vie, vous nous avez détruits !

— Et vous m'avez payé pour cela ! la provoqua-t-il, excédé.

— Vous trouvez que c'est une excuse valable ?

— Une excuse, peut-être pas, mais c'est mon métier, je vous le rappelle.

— Et vous pensez que c'est une manière honorable de gagner sa vie, peut-être ?

— Plus honorable que certaines professions, ce qui est sûr.

— Ah bon ! Et quelle profession peut donc être moins honorable que votre méprisable gagne-pain ?

Le tueur hésita.

— Commissaire de Police, par exemple…, lâcha-t-il avec défiance.

— Comment osez-vous ! Sur la dépouille de mon pauvre mari. Cet officier de police admirable qui a œuvré toute sa vie pour mettre hors d'état de nuire d'aussi détestables crapules que vous.

— *Un officier de police admirable…* se moqua vertement le tueur. Vous m'en direz tant. Ce que j'ai vu, moi, c'était un flicaillon. Un argousin…

214

— Taisez-vous ! Ayez-au moins la dignité de respecter la mémoire de cet homme extraordinaire, qui a su transcender la justice de ce pays, cet homme si étincelant, dont la munificence a grandi l'institution.

— Votre mauvaise foi est confondante. Vous avez tout de même payé cher, pour le faire assassiner, votre noble chevalier servant.

— Tout à l'heure, vous disiez que ce n'était pas si cher ! répliqua-t-elle.

— Pas si cher, pour *mes* services, mais pour tuer un homme, c'est tout de même une somme.

— Pour *vos* services… ? Ah, parlons-en, de *vos* services ! Vous n'avez même pas été capable de le mener à son terme, votre travail. Si vous n'aviez pas eu cette chance malheureuse, mon mari serait toujours vivant et *vos services*, inexistants ! Nuls !

— Pardon, mais votre ex-mari est bien mort. C'est le résultat qui compte.

— Le résultat ne compte pas. Si mon mari était mort dans un accident de la circulation en venant ici, vous ne pourriez pas vous glorifier du résultat. C'était un accident, vous l'avez dit vous-même. Vous n'êtes pour rien dans la mort accidentelle de mon mari.

— Oui, enfin, tout de même…

— Un imposteur, le coupa-t-elle. Vous n'êtes qu'un méprisable imposteur. D'ailleurs, j'exige le remboursement de vos gages. Après tout, vous n'avez pas honoré votre contrat. Vous n'avez tué personne, *techniquement*, appuya-t-elle en reprenant avec une ironie grivoise le terme employé par le tueur, quelques instants auparavant.

— Je conteste... balbutia le tueur, ne sachant que répondre.

— Vous n'avez rien à contester. Et vous le savez. Non seulement je vais récupérer mon argent, mais je vais me plaindre de vous !

— Vous plaindre ! Mais à qui ?

— A tout le monde ! Et il y aura des gens pour m'écouter, croyez-moi ! À commencer par la police.

— La police ! Laissez-moi rire. Vous allez trouver la police pour vous plaindre que je n'ai pas honoré le contrat visant à assassiner votre ex-mari... C'est d'un grotesque. Vous entendez ce que vous dites ?

— On m'entendra !

— On ne vous entendra pas, Madame !

— On m'entendra et on vous arrêtera, Monsieur ! Et vous serez pendu !

— C'est ridicule, la peine de mort a été abolie depuis bien longtemps.

— On la rétablira ! Pour vous !

— Vous dites n'importe quoi...

— La corde au cou, je vous dis ! D'ailleurs, j'appelle immédiatement les autorités, dit-elle en se levant d'un bond.

— On ne vous croira pas ! s'alarma le tueur.

— On me croira ! D'ailleurs, on ne demandera qu'à me croire. L'assassinat d'un Commissaire de Police... Que dis-je, l'assassinat du Commissaire Von Hartmann, du Grand Commissaire Von Hartmann, de l'Immense Commissaire Von Hartmann. On exigera une tête, et vite ! Et ce sera la vôtre ! Oui, la vôtre, Monsieur la *petite* gâchette !

— Je ne vous permets pas !

— Vous n'avez rien à me permettre. Je sais reconnaître une petite gâchette quand j'en vois une. Et vous, vous en êtes une. Et même, une minuscule gâchette. Un tueur de pacotille. Un bandit de bac à sable. Un crapulon de cour d'école.

— Taisez-vous, vous n'avez pas le droit !

— J'ai tous les droits ! Une lopette ! Un renifleur de pantoufles ! Une misérable petite arsouille ! Du menu fretin !

— Vous allez trop loin !

— Un égorgeur de lapin domestique ! Un éventreur d'ours en peluche ! Un dégaineur de pistolet à eau.

— Ah, vous voulez que je l'honore votre contrat... ! s'emporta le tueur, ivre de colère.

217

Ah, vous voulez que j'assassine… ! Eh bien, je vais vous montrer moi, de quoi je suis capable !

A ces mots, le tueur se précipita sur l'arme qui était toujours dans la main du Commissaire, s'en saisit et d'un geste vif, assuré et très précis, mit en joue l'odieuse piaillarde. Puis sans hésiter un seul instant, il fit feu à trois reprises. Trois balles tirées avec une précision toute professionnelle. En plein cœur.

Miranda s'écroula, raide morte.

Alors, jubilant et d'une démarche satisfaite, le tireur s'approcha d'elle :

— Vous vouliez de l'efficacité, de l'assassinat, du vrai… ! Eh bien, vous en avez eu pour votre argent, cette fois ! Deux pour le prix d'un ! Sur ce, bien le bonsoir, Madame.

Et le tueur enjamba avec mépris sa commanditaire probablement satisfaite, bien que réduite au silence et s'éclipsa sans se retourner, abandonnant les deux cadavres gisant dans le sang de leur amertume…

Dans la pièce voisine, l'amazone sifflait en vain avec hystérie.

Et dans l'entrelacement ultime et macabre des deux époux déchus, Miranda, quant à elle, souriait.

www.euryuniverse.net